LEARN ALBANIAN IN 52 WEEKS

LEARN ALBANIAN IN 52 WEEKS
WITH 7 SENTENCES A DAY

In the same collection

Learn English in 52 weeks
Learn French in 52 weeks
Learn Bulgarian in 52 weeks
Learn Chinese in 52 weeks
Learn Czech in 52 weeks
Learn Danish in 52 weeks
Learn Dutch in 52 weeks
Learn Estonian in 52 weeks
Learn Finnish in 52 weeks
Learn German in 52 weeks
Learn Greek in 52 weeks
Learn Hungarian in 52 weeks
Learn Italian in 52 weeks
Learn Japanese in 52 weeks
Learn Latvian in 52 weeks
Learn Lithuanian in 52 weeks
Learn Polish in 52 weeks
Learn Portuguese in 52 weeks
Learn Brazilian in 52 weeks
Learn Romanian in 52 weeks
Learn Russian in 52 weeks
Learn Slovak in 52 weeks
Learn Spanish in 52 weeks
Learn Swedish in 52 weeks

Contents

Week 1

1 - 1

She has special powers.
Ajo ka fuqi të veçanta.

1 - 2

Leave me alone.
Më lini të qetë.

1 - 3

It's a full moon today.
Sot është hënë e plotë.

1 - 4

Stop messing around.
Ndaloni së ngatërruari.

1 - 5

I'm afraid not.
Kam frike se jo.

1 - 6

This cake is yummy.
Kjo tortë është e shijshme.

1 - 7

He'll come after lunch.
Ai do të vijë pas drekës.

Day 1

Week 1

2 - 1

Merry Christmas!.
Gëzuar Krishtlindjet!.

2 - 2

All the best, bye.
Të gjitha të mirat, mirupafshim.

2 - 3

Can I get extra linen?
A mund të marr liri shtesë?

2 - 4

I have made a mistake.
Unë kam bërë një gabim.

2 - 5

He hates evil.
Ai e urren të keqen.

2 - 6

He joined our team.
Ai iu bashkua ekipit tonë.

2 - 7

I left her a message.
I lashë një mesazh.

Day 2

Week 1

3 - 1

We're classmates.
Ne jemi shokë klase.

3 - 2

I want new shoes.
Dua këpucë të reja.

3 - 3

It's very hot today.
Sot është shumë vapë.

3 - 4

Good evening.
Mirembrema.

3 - 5

What did you buy?
Çfarë keni blerë?

3 - 6

You're right.
Ke te drejte.

3 - 7

I'm in a lot of pain.
Kam shumë dhimbje.

Day 3

Week 1

4 - 1

Where's the station?
Ku është stacioni?

4 - 2

What turns you on?
Çfarë ju ndez?

4 - 3

It is very hot inside.
Është shumë nxehtë brenda.

4 - 4

How about water?
Po uji?

4 - 5

Are you angry with me?
Je i zemeruar me mua?

4 - 6

I like oranges.
Më pëlqejnë portokallet.

4 - 7

A fly is buzzing.
Një mizë po gumëzhin.

Day 4

Week 1

5 - 1

I had cake for dessert.
Unë kisha një tortë për ëmbëlsirë.

5 - 2

With pleasure.
Me kënaqësi.

5 - 3

Don't play on the road.
Mos luani në rrugë.

5 - 4

I sorted out my clothes.
I rendita rrobat e mia.

5 - 5

Think nothing of it.
Mos mendoni asgjë për këtë.

5 - 6

Buy one get one free.
Bli një merr një falas.

5 - 7

It's raining heavily.
Po bie shi i madh.

Day 5

Week 1

6 - 1

It is not your fault.
Nuk është faji juaj.

6 - 2

It's half past eleven.
Ora është njëmbëdhjetë e gjysmë.

6 - 3

That pond is very deep.
Ai pellg është shumë i thellë.

6 - 4

Solve it on the board.
Zgjidheni atë në tabelë.

6 - 5

Draw a big circle there.
Vizatoni një rreth të madh atje.

6 - 6

This river is shallow.
Ky lumë është i cekët.

6 - 7

Jokes do have limits.
Shakatë kanë kufij.

Day 6

Test 1

7 - 1

This cake is yummy.

7 - 2

He hates evil.

7 - 3

Good evening.

7 - 4

It is very hot inside.

7 - 5

With pleasure.

7 - 6

It is not your fault.

7 - 7

Jokes do have limits.

Day 7

Week 2

8 - 1

Dry in the shade.
Thajeni në hije.

8 - 2

When did you call him?
Kur e thirre?

8 - 3

I owe you a great deal.
Unë ju detyrohem shumë.

8 - 4

I got up at seven today.
U ngrita në shtatë sot.

8 - 5

I tripped on a stone.
U godita mbi një gur.

8 - 6

Good to see you.
Mirë që të shoh.

8 - 7

He looked at me.
Ai më shikoi.

Day 8

Week 2

9 - 1

I remembered the past.
M'u kujtua e kaluara.

9 - 2

He's studying now.
Ai po studion tani.

9 - 3

Don't go there.
Mos shko atje.

9 - 4

What is the first step?
Cili është hapi i parë?

9 - 5

Are you aware of that?
A jeni në dijeni për këtë?

9 - 6

I need some medicine.
Unë kam nevojë për disa ilaçe.

9 - 7

May I have a fork?
Mund të kem një pirun?

Day 9

Week 2

10 - 1

Let's talk calmly.
Le të flasim me qetësi.

10 - 2

How are your grades?
Si i keni notat?

10 - 3

He has a rich spirit.
Ai ka një shpirt të pasur.

10 - 4

The food here is bad.
Ushqimi këtu është i keq.

10 - 5

I have two brothers.
Kam dy vellezer.

10 - 6

He mumbled to himself.
Ai mërmëriti me vete.

10 - 7

A leaf fluttered down.
Një gjethe fluturoi poshtë.

Day 10

Week 2

11 - 1

Just stay focused.
Vetëm qëndroni të fokusuar.

11 - 2

This dish is delicious.
Kjo pjatë është e shijshme.

11 - 3

No trespassing here.
Nuk ka shkelje këtu.

11 - 4

I feel a little sad.
Ndihem pak i trishtuar.

11 - 5

The meeting is closed.
Mbledhja është e mbyllur.

11 - 6

I'll pay for that.
Unë do të paguaj për këtë.

11 - 7

I was busy this evening.
Isha i zënë këtë mbrëmje.

Day 11

Week 2

12 - 1

I wish he gets well.
Uroj që të bëhet mirë.

12 - 2

No blowing of horns.
Asnjë fryrje brirësh.

12 - 3

He is out of town.
Ai është jashtë qytetit.

12 - 4

Are you good at tennis?
A jeni i mirë në tenis?

12 - 5

My sister is kind.
Motra ime është e sjellshme.

12 - 6

Did he borrow a pen?
A ka marrë hua një stilolaps?

12 - 7

His movements are quick.
Lëvizjet e tij janë të shpejta.

Day 12

Week 2

13 - 1

She's with me.
Ajo është me mua.

13 - 2

A coffee please.
Nje kafe ju lutem.

13 - 3

You never listen to me.
Nuk më dëgjon kurrë.

13 - 4

I had cookies and tea.
Kam pirë biskota dhe çaj.

13 - 5

Pretty well.
Goxha mirë.

13 - 6

He finally showed up.
Më në fund u shfaq.

13 - 7

How is your father?
si është babai juaj?

Day 13

Test 2

14 - 1

Good to see you.

14 - 2

Are you aware of that?

14 - 3

The food here is bad.

14 - 4

No trespassing here.

14 - 5

No blowing of horns.

14 - 6

She's with me.

14 - 7

How is your father?

Day 14

Week 3

3/52

15 - 1

Have a drink.
Merr nje pije.

15 - 2

My pleasure.
Kënaqësia ime.

15 - 3

I come from Chicago.
Unë vij nga Çikago.

15 - 4

Could I have a receipt?
A mund të kem një faturë?

15 - 5

Your bag is light.
Çanta juaj është e lehtë.

15 - 6

See you next time.
Shihemi heren tjeter.

15 - 7

Don't threaten me.
Mos më kërcëno.

Day 15

Week 3

3/52

16 - 1

I am outspoken.
Unë jam i hapur.

16 - 2

He had indigestion.
Ai kishte dispepsi.

16 - 3

He is rich but stingy.
Ai është i pasur, por dorështrënguar.

16 - 4

I like watching T.V.
Më pëlqen të shikoj T.V.

16 - 5

What do you suggest?
Çfarë sugjeroni ju?

16 - 6

I beg your pardon.
Ju kërkoj falje.

16 - 7

Hi. I'm Cindy.
Përshëndetje. Unë jam Cindy.

Day 16

Week 3

17 - 1

I feel giddy.
Ndihem i trullosur.

17 - 2

I forgave him.
ia fala.

17 - 3

He's short.
Ai është i shkurtër.

17 - 4

It's a great shame.
Është një turp i madh.

17 - 5

I am very strict.
Unë jam shumë i rreptë.

17 - 6

I like dogs a lot.
Më pëlqejnë shumë qentë.

17 - 7

I have a headache.
Kam dhimbje koke.

Day 17

Week 3

3/52

18 - 1

Is it raining?
A bie shi?

18 - 2

It's too small for me.
Është shumë e vogël për mua.

18 - 3

Does the dog bark?
A leh qeni?

18 - 4

I'll go right away.
Unë do të shkoj menjëherë.

18 - 5

I have a bad cold.
Unë kam një të ftohtë të keq.

18 - 6

Please give me a minute.
Ju lutem më jepni një minutë.

18 - 7

I have a favor to ask.
Unë kam një nder për të kërkuar.

Day 18

Week 3

19 - 1

Please call a taxi.
Ju lutemi telefononi një taksi.

19 - 2

I owe you an apology.
Të kam borxh një falje.

19 - 3

Are you ready to order?
A jeni gati për të porositur?

19 - 4

She reacted well.
Ajo reagoi mirë.

19 - 5

I had a great time.
Ja kalova mire.

19 - 6

They speak French.
Ata flasin frëngjisht.

19 - 7

Don't lose your temper.
Mos e humb durimin.

Day 19

Week 3

20 - 1

I am so into you.
Unë jam aq i dashur për ju.

20 - 2

Do not iron.
Mos hekurosni.

20 - 3

My name is John.
Emri im është John.

20 - 4

It's okay.
është në rregull.

20 - 5

This is very important.
Kjo eshte shume e rendesishme.

20 - 6

What is your score?
Cili është rezultati juaj?

20 - 7

Read them aloud.
Lexojini ato me zë të lartë.

Day 20

Test 3

21 - 1

See you next time.

21 - 2

What do you suggest?

21 - 3

It's a great shame.

21 - 4

Does the dog bark?

21 - 5

I owe you an apology.

21 - 6

I am so into you.

21 - 7

Read them aloud.

Day 21

Week 4

22 - 1

That sounds delicious!
Kjo tingëllon e shijshme!

4/52

22 - 2

I'm from the U.S.
Unë jam nga SHBA

22 - 3

I just love to travel.
Unë thjesht dua të udhëtoj.

22 - 4

I return home at 6.30.
Kthehem në shtëpi në 6.30.

22 - 5

I'm very hungry.
Jam shume i uritur.

22 - 6

He was nervous.
Ai ishte nervoz.

22 - 7

He's wearing glasses.
Ai mban syze.

Day 22

Week 4

23 - 1

She sued the company.
Ajo paditi kompaninë.

23 - 2

It was my mistake.
Ishte gabimi im.

23 - 3

I hear a strange sound.
Dëgjoj një zë të çuditshëm.

23 - 4

He has high ideals.
Ai ka ideale të larta.

23 - 5

I peeled a carrot.
E qërova një karotë.

23 - 6

Sounds great.
Tingëllon mirë.

23 - 7

Thanks, I'll do it.
Faleminderit, do ta bëj.

Day 23

Week 4

24 - 1

Do you know his name?
A e dini emrin e tij?

24 - 2

I'll give you this book.
Unë do t'ju jap këtë libër.

24 - 3

I like wooden houses.
Më pëlqejnë shtëpitë prej druri.

24 - 4

This is confidential.
Kjo është konfidenciale.

24 - 5

I have a stomach ache.
Unë kam një dhimbje stomaku.

24 - 6

It's clearly his fault.
Është qartë faji i tij.

24 - 7

I got it.
e kuptova.

Day 24

Week 4

4/52

25 - 1

I want more freedom.
Unë dua më shumë liri.

25 - 2

The house is big.
Shtëpia është e madhe.

25 - 3

No, I'd rather not.
Jo, më mirë jo.

25 - 4

Forget it.
Harroje.

25 - 5

She likes traveling.
Ajo i pëlqen të udhëtojë.

25 - 6

The bath is ready.
Banja është gati.

25 - 7

I go to bed at 10.30.
Unë shkoj në shtrat në 10.30.

Day 25

Week 4

26 - 1

Don't be late.
mos u vono.

26 - 2

Don't try my patience.
Mos provoni durimin tim.

26 - 3

Is that seat available?
A është e disponueshme ajo ndenjëse?

26 - 4

He is not available.
Ai nuk është i disponueshëm.

26 - 5

I will buy it.
Do ta blej.

26 - 6

His voice is soft.
Zëri i tij është i butë.

26 - 7

Can we meet next Friday?
A mund të takohemi të premten tjetër?

Day 26

Week 4

4/52

27 - 1

Great, thanks.
E shkëlqyeshme, faleminderit.

27 - 2

It's pouring.
Po derdhet.

27 - 3

Her words hurt me.
Fjalët e saj më lënduan.

27 - 4

What will you do?
Cfare do te besh?

27 - 5

I will never forget you.
Une kurre sdo te te harroj ty.

27 - 6

I want to get in shape.
Unë dua të jem në formë.

27 - 7

I need more exercise.
Unë kam nevojë për më shumë stërvitje.

Day 27

Test 4

28 - 1

He was nervous.

28 - 2

I peeled a carrot.

28 - 3

This is confidential.

28 - 4

No, I'd rather not.

28 - 5

Don't try my patience.

28 - 6

Great, thanks.

28 - 7

I need more exercise.

Day 28

Week 5

5/52

29 - 1

This blanket is warm.
Kjo batanije është e ngrohtë.

29 - 2

He slipped on the snow.
Ai rrëshqiti në dëborë.

29 - 3

The bag was sold out.
Çanta ishte shitur.

29 - 4

He works out every day.
Ai stërvitet çdo ditë.

29 - 5

We come from Paris.
Ne vijmë nga Parisi.

29 - 6

Of course.
Sigurisht.

29 - 7

I'm in charge of sales.
Unë jam përgjegjës për shitjet.

Day 29

Week 5

30 - 1

Do me a favor.
Me bej nje nder.

5/52

30 - 2

I was kidnapped.
Më kanë rrëmbyer.

30 - 3

This cat is a female.
Kjo mace është një femër.

30 - 4

I like a darker one.
Më pëlqen një më e errët.

30 - 5

That was excellent.
Kjo ishte e shkëlqyer.

30 - 6

You are welcome.
Je i mirepritur.

30 - 7

Have you been lifting?
A keni qenë duke ngritur?

Day 30

Week 5

31 - 1

Do you serve alcohol?
A servirni alkool?

31 - 2

The house is beautiful.
Shtëpia është e bukur.

31 - 3

I'm against it.
Unë jam kundër.

31 - 4

I'm scared of snakes.
Unë kam frikë nga gjarpërinjtë.

31 - 5

Come again?
Eja përsëri?

31 - 6

Congratulations!
urime!

31 - 7

May I know your name?
Mund ta di emrin tuaj?

Day 31

Week 5

32 - 1

What about a cup of tea?
Po një filxhan çaj?

32 - 2

I did my best.
Bëra më të mirën.

32 - 3

My stomach hurts a lot.
Më dhemb shumë barku.

32 - 4

Where do you come from?
Nga vini ju?

32 - 5

I put butter in curry.
Kam hedhur gjalpë në kerri.

32 - 6

Please check the oil.
Ju lutemi kontrolloni vajin.

32 - 7

What a beautiful person!
Sa njeri i bukur!

Day 32

Week 5

33 - 1

Put on your slippers!
Vishni pantoflat!

5/52

33 - 2

He's a very kind person.
Ai është një person shumë i sjellshëm.

33 - 3

I don't have work today.
Nuk kam punë sot.

33 - 4

Please turn left there.
Ju lutemi kthehuni majtas atje.

33 - 5

I have mouth sores.
Kam plagë në gojë.

33 - 6

He left the group.
Ai u largua nga grupi.

33 - 7

Are you being served?
A jeni duke u shërbyer?

Day 33

Week 5

34 - 1

Where did he come?
Ku erdhi ai?

34 - 2

My shirt is ripped up.
Këmisha ime është grisur.

34 - 3

The movie opens today.
Filmi hapet sot.

34 - 4

This is a small town.
Ky është një qytet i vogël.

34 - 5

I think you're wrong.
Mendoj se e ke gabim.

34 - 6

What can I do for you?
Cfare mund te bej per ju?

34 - 7

Return it safely.
Kthejeni atë në mënyrë të sigurt.

Day 34

Test 5

35 - 1

Of course.

5/52

35 - 2

That was excellent.

35 - 3

I'm scared of snakes.

35 - 4

My stomach hurts a lot.

35 - 5

He's a very kind person.

35 - 6

Where did he come?

35 - 7

Return it safely.

Day 35

Week 6

36 - 1

Sure, go ahead.
Patjeter Vazhdo.

36 - 2

He lost consciousness.
Ai humbi ndjenjat.

36 - 3

How sure are you?
Sa i sigurt jeni?

36 - 4

What's your question?
Cila është pyetja juaj?

36 - 5

How disappointing.
Sa zhgënjyese.

36 - 6

A sack of rice.
Një thes me oriz.

36 - 7

Calm down.
Qetësohu.

Day 36

Week 6

6/52

37 - 1

Our cat had kittens.
Macja jonë kishte kotele.

37 - 2

I can't stop vomiting.
Nuk mund të ndaloj të vjellat.

37 - 3

Please show me.
Te lutem me trego.

37 - 4

It's cold in this room.
Është ftohtë në këtë dhomë.

37 - 5

I love tomatoes.
I dua domatet.

37 - 6

Where did you meet him?
Ku e keni takuar?

37 - 7

He's full of energy.
Ai është plot energji.

Day 37

Week 6

38 - 1

Let's go home together.
Le të shkojmë në shtëpi së bashku.

6/52

38 - 2

He has a car.
Ai ka një makinë.

38 - 3

I added my own thought.
Unë shtova mendimin tim.

38 - 4

This book is difficult.
Ky libër është i vështirë.

38 - 5

In my opinion.
Per mendimin tim.

38 - 6

Thank you very much.
Faleminderit shumë.

38 - 7

He came to my office.
Ai erdhi në zyrën time.

Day 38

Week 6

6/52

39 - 1

I'm frightened.
Unë jam i frikësuar.

39 - 2

He no longer hates her.
Ai nuk e urren më atë.

39 - 3

I sat down on the bench.
U ula në stol.

39 - 4

I don't know for sure.
Nuk e di me siguri.

39 - 5

This bag is heavy.
Kjo çantë është e rëndë.

39 - 6

I marked the mistakes.
I shënova gabimet.

39 - 7

I'm not sure about it.
Nuk jam i sigurt për këtë.

Day 39

Week 6

40 - 1

I'm called John.
Unë jam quajtur John.

40 - 2

I do not like you.
Unë nuk ju pëlqen.

40 - 3

Your guest has arrived.
I ftuari juaj ka ardhur.

40 - 4

A full glass of milk.
Një gotë plot qumësht.

40 - 5

It is nothing.
Nuk eshte asgje.

40 - 6

Sure. I'll come.
Sigurisht. Do të vij.

40 - 7

I have a meeting today.
Unë kam një takim sot.

Day 40

Week 6

6/52

41 - 1

He is unconscious.
Ai është pa ndjenja.

41 - 2

When were you born?
Kur keni lindur?

41 - 3

Please pass me the salt.
Ju lutem ma jepni kripën.

41 - 4

He has feelings for her.
Ai ka ndjenja për të.

41 - 5

I need life insurance.
Unë kam nevojë për sigurimin e jetës.

41 - 6

His house is very big.
Shtëpia e tij është shumë e madhe.

41 - 7

She is my mother.
Ajo eshte mami im.

Day 41

Test 6

42 - 1

A sack of rice.

42 - 2

I love tomatoes.

42 - 3

This book is difficult.

42 - 4

I sat down on the bench.

42 - 5

I do not like you.

42 - 6

He is unconscious.

42 - 7

She is my mother.

Day 42

Week 7

43 - 1

The moon is waxing.
Hëna po rritet.

7/52

43 - 2

Motivate yourself.
Motivoni veten.

43 - 3

He was very helpful.
Ai ishte shumë i dobishëm.

43 - 4

I love my father.
Unë e dua babanë tim.

43 - 5

I don't fell well.
Nuk rashë mirë.

43 - 6

The train is crowded.
Treni është i mbushur me njerëz.

43 - 7

I have a fever.
kam temperaturë.

Day 43

Week 7

44 - 1

He is fine.
Ai është mirë.

44 - 2

Do you have insurance?
A keni sigurim?

44 - 3

You are beautiful.
Ti je e bukur.

44 - 4

He is driving too fast.
Ai është duke vozitur shumë shpejt.

44 - 5

What street is this?
Çfarë rruge është kjo?

44 - 6

Please stay as you are.
Ju lutem qëndroni ashtu siç jeni.

44 - 7

What size do you wear?
Cfare mase ju vishni?

Day 44

Week 7

45 - 1

She was very brave.
Ajo ishte shumë e guximshme.

7/52

45 - 2

This seat is taken.
Kjo ndenjëse është zënë.

45 - 3

Nice to meet you.
Gëzohem që u njohëm.

45 - 4

The meal is ready.
Vakti është gati.

45 - 5

I work at a bank.
Unë punoj në një bankë.

45 - 6

That's all right.
Kjo është në rregull.

45 - 7

They have guns.
Ata kanë armë.

Day 45

Week 7

46 - 1

Please line up here.
Ju lutem rreshtohuni këtu.

46 - 2

I got a perfect score.
Kam marrë një rezultat perfekt.

46 - 3

He spat on the ground.
Ai pështyu në tokë.

46 - 4

I like this.
Me pelqen kjo.

46 - 5

Open wide, please.
Hape gjerë, të lutem.

46 - 6

That's not always true.
Kjo nuk është gjithmonë e vërtetë.

46 - 7

Open your books.
Hapni librat tuaj.

Day 46

Week 7

47 - 1

Sorry about that.
Me fal per ate.

47 - 2

He's quit smoking now.
Ai e ka lënë duhanin tani.

47 - 3

Is it all true?
A është e gjitha e vërtetë?

47 - 4

The last step is.
Hapi i fundit është.

47 - 5

What is this?
Çfarë është kjo?

47 - 6

I didn't order that.
Unë nuk e porosita atë.

47 - 7

It's too loose.
Është shumë e lirshme.

Day 47

Week 7

48 - 1

Do I have to do it now?
A duhet ta bëj tani?

48 - 2

The pain is too much.
Dhimbja është e tepërt.

48 - 3

No stopping.
Asnjë ndalesë.

48 - 4

Please keep working.
Ju lutem vazhdoni të punoni.

48 - 5

Yes, I'd love to.
Po, do të doja.

48 - 6

See you soon.
Shihemi se shpejti.

48 - 7

Have dinner.
Ha darke.

Day 48

Test 7

49 - 1

The train is crowded.

7/52

49 - 2

What street is this?

49 - 3

The meal is ready.

49 - 4

He spat on the ground.

49 - 5

He's quit smoking now.

49 - 6

Do I have to do it now?

49 - 7

Have dinner.

Day 49

Week 8

50 - 1

This bra is too large.
Ky sytjena është shumë i madh.

50 - 2

I'll go there by train.
Unë do të shkoj atje me tren.

50 - 3

Are they your relatives?
A janë ata të afërmit tuaj?

50 - 4

I feel dizzy.
Ndjehem i trullosur.

50 - 5

I'm impressed.
Unë jam i impresionuar.

50 - 6

Are the shops open?
Janë hapur dyqanet?

50 - 7

Drink plenty of water.
Pini shumë ujë.

Day 50

Week 8

8/52

51 - 1

I fed the dog.
E ushqeva qenin.

51 - 2

I have the flu.
Unë kam grip.

51 - 3

Yes. I have.
Po. Une kam.

51 - 4

Bear in mind.
Mbajnë në mend.

51 - 5

Start the engine.
Nisni motorin.

51 - 6

He's a good person.
Ai është një person i mirë.

51 - 7

Which is your bag?
Cila është çanta juaj?

Day 51

Week 8

52 - 1

We will have a meeting.
Ne do të kemi një takim.

52 - 2

8/52

My passport is missing.
Më mungon pasaporta.

52 - 3

I feel feverish.
Ndihem me ethe.

52 - 4

Hold on tight.
Mbahu fort.

52 - 5

I sold old books.
Kam shitur libra të vjetër.

52 - 6

Enjoy your meal!
Të bëftë mirë!

52 - 7

Absolutely not.
Absolutisht jo.

Day 52

Week 8

53 - 1

Do you have a sister?
A ke motër?

8/52

53 - 2

I was stuck in traffic.
Isha bllokuar në trafik.

53 - 3

My watch is stopped.
Ora ime është ndalur.

53 - 4

May I have a word?
Mund të them një fjalë?

53 - 5

Your name please?
Emri juaj ju lutem?

53 - 6

What time is checkout?
Në çfarë ore është arka?

53 - 7

I don't mind it at all.
Nuk më intereson fare.

Day 53

Week 8

54 - 1

Judgment has been made.
Gjykimi është bërë.

54 - 2

I'm scared of dogs.
Unë kam frikë nga qentë.

54 - 3

No, thanks.
Jo faleminderit.

54 - 4

This is a danger zone.
Kjo është një zonë rreziku.

54 - 5

What a cheeky fellow!
Çfarë shoku i pacipë!

54 - 6

You're wrong.
Ju jeni gabim.

54 - 7

She's a fashion expert.
Ajo është një eksperte e modës.

Day 54

Week 8

8/52

55 - 1

He rides a motorcycle.
Ai nget një motoçikletë.

55 - 2

A leaf of lettuce.
Një gjethe marule.

55 - 3

He has a good heart.
Ai ka një zemër të mirë.

55 - 4

He suddenly stood up.
Ai u ngrit papritmas.

55 - 5

Where does he work?
Ku punon ai?

55 - 6

A bird is flying.
Një zog po fluturon.

55 - 7

May I come in?
A mund të futem brenda?

Day 55

Test 8

56 - 1

Are the shops open?

56 - 2

Start the engine.

8/52

56 - 3

Hold on tight.

56 - 4

My watch is stopped.

56 - 5

I'm scared of dogs.

56 - 6

He rides a motorcycle.

56 - 7

May I come in?

Day 56

Week 9

9/52

57 - 1

I am rather shy.
Unë jam mjaft i turpshëm.

57 - 2

I'm unemployed.
Unë jam i papunë.

57 - 3

I'll pay by card.
Unë do të paguaj me kartë.

57 - 4

He is hungry.
Ai eshte i uritur.

57 - 5

Thanks.
Faleminderit.

57 - 6

She's greedy.
Ajo është e pangopur.

57 - 7

By all means.
Në të gjitha mënyrat.

Day 57

Week 9

58 - 1

He turned the page.
Ai ktheu faqen.

58 - 2

Please help yourself.
Te lutem ndihmoje veten tende.

58 - 3

Please think carefully.
Ju lutem mendoni me kujdes.

58 - 4

I'm working as a waiter.
Unë jam duke punuar si kamarier.

58 - 5

Hazardous waste.
Mbetje të rrezikshme.

58 - 6

The line is busy.
Linja është e zënë.

58 - 7

Is John in?
A është Gjoni brenda?

Day 58

Week 9

59 - 1

What is your name?
Si e ke emrin?

9/52

59 - 2

No, that's not true.
Jo, kjo nuk është e vërtetë.

59 - 3

Let's go to bed.
Le të shkojmë në shtrat.

59 - 4

When is it?
Kur eshte?

59 - 5

I couldn't agree more.
Nuk mund të pajtohesha më shumë.

59 - 6

I'm not interested.
Unë nuk jam i interesuar.

59 - 7

I called the waitress.
E thirra kamarieren.

Day 59

Week 9

60 - 1

Thank you so much!
Shume faleminderit!

60 - 2

9/52

Please breathe slowly.
Ju lutemi merrni frymë ngadalë.

60 - 3

He is my father.
Ai eshte babai im.

60 - 4

Can I borrow a pencil?
A mund të huazoj një laps?

60 - 5

What is your shoe size?
Cila është madhësia e këpucëve tuaja?

60 - 6

This is absurd!
Kjo është absurde!

60 - 7

He came here alone.
Ai erdhi këtu vetëm.

Day 60

Week 9

61 - 1

My grandfather is well.
Gjyshi im është mirë.

9/52

61 - 2

He's a careful person.
Ai është një person i kujdesshëm.

61 - 3

I don't like to wait.
Nuk më pëlqen të pres.

61 - 4

What did he ask you?
Çfarë ju pyeti?

61 - 5

A tube of toothpaste.
Nje tub me paste dhembesh.

61 - 6

Why didn't you come?
Pse nuk erdhe?

61 - 7

What a nice apartment.
Sa apartament i bukur.

Day 61

Week 9

62 - 1

Eat a balanced diet.
Hani një dietë të ekuilibruar.

62 - 2

I have strong teeth.
Unë kam dhëmbë të fortë.

62 - 3

Don't be afraid.
Mos kini frikë.

62 - 4

John, this is Mary.
John, kjo është Maria.

62 - 5

How was your vacation?
Si i keni kaluar pushimet?

62 - 6

She was quiet at first.
Ajo ishte e heshtur në fillim.

62 - 7

This smells too sweet.
Kjo ka erë shumë të ëmbël.

Day 62

Test 9

9/52

63 - 1

She's greedy.

63 - 2

Hazardous waste.

63 - 3

When is it?

63 - 4

He is my father.

63 - 5

He's a careful person.

63 - 6

Eat a balanced diet.

63 - 7

This smells too sweet.

Day 63

Week 10

64 - 1

I have a stomachache.
Unë kam një dhimbje stomaku.

64 - 2

I live in London.
Une jetoj ne Londer.

10/52

64 - 3

How will you manage?
Si do ja dilni?

64 - 4

I feel very tired.
Ndihem shumë i lodhur.

64 - 5

I got a full massage.
Kam bërë një masazh të plotë.

64 - 6

Is he coming regularly?
A vjen rregullisht?

64 - 7

Are you ready for this?
A jeni gati për këtë?

Day 64

Week 10

65 - 1

Who else wants to try?
Kush tjetër dëshiron të provojë?

65 - 2

10/52

I don't have time now.
Nuk kam kohë tani.

65 - 3

Where are you now?
Ku je tani?

65 - 4

It's too tight.
Është shumë e ngushtë.

65 - 5

Bye for now.
Mirupafshim per tani.

65 - 6

I like your haircut.
Më pëlqen prerja juaj e flokëve.

65 - 7

I'm truly sorry.
me vjen vertet keq.

Day 65

Week 10

66 - 1

Don't get angry.
Mos u zemëro.

66 - 2

How is everyone?
Si jane te gjithe?

10/52

66 - 3

Can you hear me OK?
A mund të më dëgjosh në rregull?

66 - 4

He is my best friend.
Ai eshte shoku im i ngushte.

66 - 5

Have a good time.
Kalofshi mirë.

66 - 6

I like reading books.
Më pëlqen të lexoj libra.

66 - 7

Goodbye.
Mirupafshim.

Day 66

Week 10

67 - 1

He runs fast.
Ai vrapon shpejt.

67 - 2

10/52

Pedestrian bridge.
Ura e këmbësorëve.

67 - 3

He works hard every day.
Ai punon shumë çdo ditë.

67 - 4

The boss is coming.
Shefi po vjen.

67 - 5

It's cold.
Është e ftohtë.

67 - 6

Oh, my god. Really?
Oh Zoti im. Vërtet?

67 - 7

Are you sure about it?
A jeni i sigurt për të?

Day 67

Week 10

68 - 1

He has a clean image.
Ai ka një imazh të pastër.

68 - 2

Why should I care?
Pse duhet të kujdesem?

68 - 3

I love to eat.
Më pëlqen të ha.

68 - 4

I had a scary dream.
Unë pata një ëndërr të frikshme.

68 - 5

Please try this dish.
Ju lutemi provoni këtë pjatë.

68 - 6

Let's meet this evening.
Le të takohemi këtë mbrëmje.

68 - 7

How is life?
Si eshte jeta?

Day 68

Week 10

69 - 1

Please feel free.
Ju lutem mos ngurroni.

69 - 2

10/52

Don't worry.
Mos u shqetësoni.

69 - 3

I inhaled dust.
Unë thitha pluhur.

69 - 4

You're fired.
Ju jeni shkarkuar.

69 - 5

Where is the baker's?
Ku është bukëpjekësi?

69 - 6

Please pay in cash.
Ju lutemi paguani me para në dorë.

69 - 7

Pork is delicious.
Mishi i derrit është i shijshëm.

Day 69

Test 10

70 - 1

Is he coming regularly?

70 - 2

Bye for now.

70 - 3

He is my best friend.

70 - 4

He works hard every day.

70 - 5

Why should I care?

70 - 6

Please feel free.

70 - 7

Pork is delicious.

Day 70

Week 11

71 - 1

Then, you.
Pastaj, ju.

71 - 2

11/52

She said so.
Ajo tha kështu.

71 - 3

You must be tired
Duhet të jeni të lodhur

71 - 4

I have a student visa.
Unë kam një vizë studentore.

71 - 5

Life in Spain is fun.
Jeta në Spanjë është argëtuese.

71 - 6

He's a nasty man.
Ai është një njeri i keq.

71 - 7

These shoes fit me.
Këto këpucë më përshtaten.

Day 71

Week 11

72 - 1

Can you lift this table?
Mund ta ngrini këtë tryezë?

72 - 2

Do you want a receipt?
Dëshironi një faturë?

11/52

72 - 3

He scored three goals.
Ai shënoi tre gola.

72 - 4

We are open all day.
Jemi hapur gjatë gjithë ditës.

72 - 5

It was nobody's fault.
Nuk ishte faji i askujt.

72 - 6

How big is that house?
Sa e madhe është ajo shtëpi?

72 - 7

Do whatever you want.
Bëni çfarë të doni.

Day 72

Week 11

73 - 1

Stop fighting.

Ndaloni së luftuari.

73 - 2

It looks great on you!

Ju duket e mrekullueshme!

11/52

73 - 3

I am a housewife.

Unë jam një shtëpiake.

73 - 4

He has no time.

Ai nuk ka kohë.

73 - 5

His room is very dirty.

Dhoma e tij është shumë e ndotur.

73 - 6

Did our client arrive?

A mbërriti klienti ynë?

73 - 7

I have an idea.

Unë kam një ide.

Day 73

Week 11

74 - 1

I am bold.
Unë jam i guximshëm.

74 - 2

This food is tasteless.
Ky ushqim është pa shije.

74 - 3

Everybody is fine.
Të gjithë janë mirë.

74 - 4

This pipe is clogged.
Ky tub është i bllokuar.

74 - 5

I like this bag.
Më pëlqen kjo çantë.

74 - 6

What can you say?
Çfarë mund të thuash?

74 - 7

Please turn this way.
Ju lutemi kthehuni nga kjo anë.

Day 74

Week 11

75 - 1

No food and drinks.
Nuk ka ushqim dhe pije.

75 - 2

11/52

It's very cold outside.
Jashtë është shumë ftohtë.

75 - 3

Have a walk.
Bëni një shëtitje.

75 - 4

It was nothing really.
Nuk ishte asgjë në të vërtetë.

75 - 5

Yes, Sunday is fine.
Po, e diela është mirë.

75 - 6

I am sorry I'm late.
me vjen keq qe jam vonuar.

75 - 7

I injured my thumb.
Kam lënduar gishtin e madh.

Day 75

Week 11

76 - 1

He came here.
Ai erdhi këtu.

76 - 2

It was a nice evening.
Ishte një mbrëmje e bukur.

76 - 3

Yes, I'd love too.
Po, edhe unë do të doja.

76 - 4

I have office tomorrow.
Unë kam zyrë nesër.

76 - 5

It sounds good.
Tingellon bukur.

76 - 6

Here is your tip.
Këtu është këshilla juaj.

76 - 7

He felt miserable.
Ai u ndje i mjerë.

Day 76

Test 11

77 - 1

He's a nasty man.

77 - 2

It was nobody's fault.

11/52

77 - 3

He has no time.

77 - 4

Everybody is fine.

77 - 5

It's very cold outside.

77 - 6

He came here.

77 - 7

He felt miserable.

Day 77

Week 12

78 - 1

He is motivated to work.
Ai është i motivuar për të punuar.

78 - 2

Are you afraid of them?
Keni frikë prej tyre?

12/52

78 - 3

Enjoy your stay!
Gëzoni qëndrimin tuaj!

78 - 4

When do you go to bed?
Kur shkon ne shtrat?

78 - 5

A woman approached me.
Një grua m'u afrua.

78 - 6

It's 16th June.
Është 16 qershor.

78 - 7

My feel hurt.
Ndjehem i lënduar.

Day 78

Week 12

79 - 1

You couldn't do that.
Ju nuk mund ta bëni këtë.

79 - 2

12/52

There is an accident.
Ka një aksident.

79 - 3

I can't. I'm sorry.
nuk mundem. Më vjen keq.

79 - 4

My nose is itchy.
Më kruhet hunda.

79 - 5

That was close.
Kjo ishte afër.

79 - 6

That's alright.
Kjo është në rregull.

79 - 7

Did you get my letter?
E morët letrën time?

Day 79

Week 12

80 - 1

I have been mugged.
Unë jam grabitur.

80 - 2

I excel in this field.
Unë shkëlqej në këtë fushë.

12/52

80 - 3

Have you got a computer?
A keni një kompjuter?

80 - 4

She loves festivals.
Ajo i pëlqen festivalet.

80 - 5

She is my grandmother.
Ajo është gjyshja ime.

80 - 6

Is he giving the book?
A po e jep librin?

80 - 7

He became a doctor.
Ai u bë mjek.

Day 80

Week 12

81 - 1

I have a backache.
kam dhimbje shpine.

81 - 2

His fingers are big.
Gishtat e tij janë të mëdhenj.

81 - 3

Are you joking?
Po talleni?

81 - 4

When is the next train?
Kur është treni tjetër?

81 - 5

She refused to attend.
Ajo refuzoi të merrte pjesë.

81 - 6

Don't make noise.
Mos bëni zhurmë.

81 - 7

Time flies.
Koha fluturon.

Week 12

82 - 1

I'm pleased to meet you.
Unë jam i kënaqur që ju takoj.

82 - 2

My camera broke.
Kamera ime u prish.

12/52

82 - 3

Is he binding a book?
A lidh ai një libër?

82 - 4

Wonderful, thank you.
E mrekullueshme, faleminderit.

82 - 5

Use black ink only.
Përdorni vetëm bojë të zezë.

82 - 6

Please don't be late.
Ju lutem mos u vono.

82 - 7

She has blue eyes.
Ajo ka sy blu.

Day 82

Week 12

83 - 1

She is cold.
Ajo është e ftohtë.

83 - 2

It's Monday again.
Është sërish e hënë.

83 - 3

Monitor your weight.
Monitoroni peshën tuaj.

83 - 4

My hobby is reading.
Hobi im është leximi.

83 - 5

This way please.
Në këtë mënyrë ju lutem.

83 - 6

This is my teacher.
Ky është mësuesi im.

83 - 7

Attend to the phone.
Merrni pjesë në telefon.

Day 83

Test 12

84 - 1

It's 16th June.

84 - 2

That was close.

12/52

84 - 3

She loves festivals.

84 - 4

Are you joking?

84 - 5

My camera broke.

84 - 6

She is cold.

84 - 7

Attend to the phone.

Day 84

Week 13

13/52

85 - 1

It's cloudy today.
Sot është me re.

85 - 2

He's still single.
Ai është ende beqar.

85 - 3

I will ask them to wait.
Unë do t'i kërkoj të presin.

85 - 4

I admired his patience.
E admirova durimin e tij.

85 - 5

The earth is round.
Toka është e rrumbullakët.

85 - 6

Lock the door.
Mbylle deren.

85 - 7

How have you been?
Si ke qene?

Day 85

Week 13

86 - 1

Don't doubt yourself.
Mos dyshoni në veten tuaj.

86 - 2

He owes me one.
Ai më ka borxh një.

13/52

86 - 3

Is the seat vacant?
A është vendi i lirë?

86 - 4

I bought three glasses.
Bleva tre gota.

86 - 5

The water is soft.
Uji është i butë.

86 - 6

Take this road.
Merrni këtë rrugë.

86 - 7

Is breakfast included?
A përfshihet mëngjesi?

Day 86

Week 13

87 - 1

How tall are you?
sa e gjate jeni?

87 - 2

He is frequently late.
Ai është shpesh vonë.

13/52

87 - 3

Do not cross.
Mos kalo.

87 - 4

What are you doing?
Çfarë po bën?

87 - 5

Let's share duties.
Le të ndajmë detyrat.

87 - 6

Please sign here.
Ju lutemi nënshkruani këtu.

87 - 7

Do you understand?
a e kuptoni?

Day 87

Week 13

88 - 1

I mended it.
E rregullova.

88 - 2

I'm thirsty.
Kam etje.

13/52

88 - 3

Cool down.
Ftohu.

88 - 4

I'm sorry, I can't.
Më vjen keq, nuk mundem.

88 - 5

Can you forgive me?
Mund te me harrosh mua?

88 - 6

How was your flight?
Si ishte fluturimi juaj?

88 - 7

I'm from Roma.
Unë jam nga Roma.

Day 88

Week 13

13/52

89 - 1

It is straight ahead.
Është drejt përpara.

89 - 2

My boss is stubborn.
Shefi im është kokëfortë.

89 - 3

My father's a lawyer.
Babai im është avokat.

89 - 4

He won the election.
Ai fitoi zgjedhjet.

89 - 5

It's windy.
Është erë.

89 - 6

How can I get there?
Si mund te shkoj atje?

89 - 7

What is your occupation?
Cili është profesioni juaj?

Day 89

Week 13

90 - 1

Excellent.
I shkëlqyer.

90 - 2

It's very near.
Është shumë afër.

13/52

90 - 3

He is badly injured.
Ai është plagosur rëndë.

90 - 4

Mind your business.
Kujdesuni për biznesin tuaj.

90 - 5

Did she appeal?
A apeloi ajo?

90 - 6

Very Good!
Shume mire!

90 - 7

Anything to convey?
Diçka për të përcjellë?

Day 90

Test 13

91 - 1

Lock the door.

91 - 2

The water is soft.

13/52

91 - 3

What are you doing?

91 - 4

Cool down.

91 - 5

My boss is stubborn.

91 - 6

Excellent.

91 - 7

Anything to convey?

Day 91

Week 14

92 - 1

Nice of you to make it.
Mirë nga ju që e keni bërë atë.

92 - 2

It's been a long time.
Ka kaluar shumë kohë.

14/52

92 - 3

Listen to your body.
Dëgjoni trupin tuaj.

92 - 4

I'm off on Thursday.
Unë jam jashtë të enjten.

92 - 5

This car is very fast.
Kjo makinë është shumë e shpejtë.

92 - 6

Better luck next time.
Fat të mirë herën tjetër.

92 - 7

I ate a lot of salad.
Kam ngrënë shumë sallatë.

Day 92

Week 14

93 - 1

I feel lazy to get up.
Ndihem dembel të ngrihem.

93 - 2

I haven't decided yet.
Nuk kam vendosur ende.

14/52

93 - 3

Did you enjoy the meal?
A ju pëlqeu vakti?

93 - 4

Do you do alterations?
A bëni ndryshime?

93 - 5

It's too short for me.
Është shumë e shkurtër për mua.

93 - 6

Good afternoon, Mrs.
Mirëdita, znj.

93 - 7

Traffic light ahead.
Semafor përpara.

Day 93

Week 14

94 - 1

He's hurt his ankle.
Ai ka lënduar kyçin e këmbës.

94 - 2

Nice day, isn't it?
Ditë e bukur, apo jo?

14/52

94 - 3

Are you satisfied now?
A jeni i kënaqur tani?

94 - 4

I'm not available today.
Unë nuk jam në dispozicion sot.

94 - 5

Everyone makes mistakes.
Të gjithë bëjnë gabime.

94 - 6

Look up.
Shikoni lart.

94 - 7

I'm a little tired.
jam pak i lodhur.

Day 94

Week 14

95 - 1

I am in pain.
kam dhimbje.

95 - 2

Where's the bathroom?
Ku eshte tualeti?

14/52

95 - 3

Can you drive a truck?
A mund të drejtoni një kamion?

95 - 4

I'm fine, thank you.
Jam mire faleminderit.

95 - 5

How old is he?
Sa vjec eshte ai?

95 - 6

I have a big dream.
Unë kam një ëndërr të madhe.

95 - 7

Keep the change.
Mbajeni ndryshimin.

Day 95

(Week 14)

96 - 1

We drink tea every day.
Ne pimë çaj çdo ditë.

96 - 2

Here's thirty dollars.
Këtu janë tridhjetë dollarë.

14/52

96 - 3

I swam a lot yesterday.
Kam notuar shumë dje.

96 - 4

I'm looking for my dog.
Unë jam duke kërkuar për qenin tim.

96 - 5

I want to go shopping!
Unë dua të shkoj në pazar!

96 - 6

He's just a drunkard.
Ai është thjesht një pijanec.

96 - 7

Have you been abroad?
Keni qenë jashtë vendit?

(Day 96)

Week 14

14/52

97 - 1

I'm learning judo.
Unë jam duke mësuar xhudo.

97 - 2

My friend is over there.
Shoku im është atje.

97 - 3

It's too short.
Është shumë e shkurtër.

97 - 4

What is his name?
Cili është emri i tij?

97 - 5

Fit as a fiddle.
Përshtatet si fyell.

97 - 6

I handed him the letter.
Ia dhashë letrën.

97 - 7

Is this reduced?
A është reduktuar kjo?

Day 97

Test 14

98 - 1

Better luck next time.

98 - 2

It's too short for me.

14/52

98 - 3

I'm not available today.

98 - 4

Can you drive a truck?

98 - 5

Here's thirty dollars.

98 - 6

I'm learning judo.

98 - 7

Is this reduced?

Day 98

Week 15

99 - 1

She's wearing boots.
Ajo ka veshur çizme.

99 - 2

I have one brother.
Unë kam një vëlla.

15/52

99 - 3

Are you going with them?
Po shkon me ta?

99 - 4

I think so, too.
Kështu mendoj edhe unë.

99 - 5

I don't get it.
Nuk e kuptoj.

99 - 6

My son broke my glasses.
Djali më theu syzet.

99 - 7

Stop playing pranks.
Ndaloni së luajturi shaka.

Day 99

Week 15

100 - 1

I don't mind.
Nuk e kam problem.

100 - 2

I bought a red rose.
Bleva një trëndafil të kuq.

15/52

100 - 3

May I have your address?
Mund të kem adresën tuaj?

100 - 4

Do not smoke.
Mos pini duhan.

100 - 5

It's very nice of you.
Është shumë mirë nga ana juaj.

100 - 6

How much should I pay?
Sa duhet të paguaj?

100 - 7

Make a note of it.
Bëni një shënim për të.

Day 100

Week 15

101 - 1

Welcome home.
Miresevjen ne shtepi.

101 - 2

Next is your turn.
Tjetra është radha juaj.

15/52

101 - 3

A person is missing.
Një person mungon.

101 - 4

She talks fast.
Ajo flet shpejt.

101 - 5

He owns three cars.
Ai zotëron tre makina.

101 - 6

Look before you leap.
Shiko perpara se te hidhesh ne veprim.

101 - 7

Please bend your knees.
Ju lutemi përkulni gjunjët.

Day 101

Week 15

102 - 1

What sport do you do?
Me cfare sporti merresh?

102 - 2

Fantastic.
Fantastike.

15/52

102 - 3

Whose parcel is this?
E kujt është kjo parcelë?

102 - 4

How much does it cost?
Sa kushton?

102 - 5

What is your hobby?
Cili eshte Hobi yt?

102 - 6

There's no other way.
Nuk ka rrugë tjetër.

102 - 7

How is the new house?
Si është shtëpia e re?

Day 102

Week 15

103 - 1

Is it useful?
A është e dobishme?

103 - 2

This is my fiancé.
Ky është i fejuari im.

15/52

103 - 3

They live a quiet life.
Ata bëjnë një jetë të qetë.

103 - 4

I don't eat salad.
Unë nuk ha sallatë.

103 - 5

It doesn't matter to me.
Nuk ka rëndësi për mua.

103 - 6

Could I use your phone?
A mund ta përdor telefonin tuaj?

103 - 7

I feel happy.
Ndjehem i lumtur.

Day 103

Week 15

104 - 1

Lastly, you.
Së fundi, ju.

104 - 2

Are your equipment new?
A janë pajisjet tuaja të reja?

104 - 3

I bought a new computer.
Bleva një kompjuter të ri.

104 - 4

My shoulders are stiff.
Shpatullat e mia janë të ngurtësuara.

104 - 5

I'm grilling fish now.
Tani po pij peshk në skarë.

104 - 6

Here is your key.
Këtu është çelësi juaj.

104 - 7

He threw the ball.
Ai hodhi topin.

Day 104

Test 15

105 - 1

My son broke my glasses.

105 - 2

It's very nice of you.

15/52

105 - 3

She talks fast.

105 - 4

Whose parcel is this?

105 - 5

This is my fiancé.

105 - 6

Lastly, you.

105 - 7

He threw the ball.

Day 105

Week 16

106 - 1

How are things?
Si jane gjerat?

106 - 2

Where's the bookshop?
Ku është libraria?

106 - 3

They shook hands.
Ata shtrënguan duart.

106 - 4

The air is clean here.
Ajri është i pastër këtu.

106 - 5

I will take a bath.
Unë do të bëj një dush.

106 - 6

That would be fantastic!
Kjo do të ishte fantastike!

106 - 7

It is forbidden to.
Është e ndaluar të.

Day 106

Week 16

107 - 1

That girl is trendy.
Ajo vajzë është në modë.

107 - 2

What about you?
Po ju?

16/52

107 - 3

Whatever you want.
Çfarëdo që ju dëshironi.

107 - 4

The test was very easy.
Testi ishte shumë i lehtë.

107 - 5

He is a good cook.
Ai është një kuzhinier i mirë.

107 - 6

You've made my day.
Më ke bërë ditën.

107 - 7

Did you have breakfast?
A keni ngrënë mëngjes?

Day 107

Week 16

108 - 1

I'll take them all.
Unë do t'i marr të gjitha.

108 - 2

I hate to tell you but.
E urrej t'ju them por.

108 - 3

16/52

His face was all red.
Fytyra e tij ishte e gjitha e kuqe.

108 - 4

My wife is from London.
Gruaja ime është nga Londra.

108 - 5

She cried out for help.
Ajo bërtiti për ndihmë.

108 - 6

He's very intelligent.
Ai është shumë inteligjent.

108 - 7

His company relocated.
Kompania e tij u zhvendos.

Day 108

Week 16

109 - 1

He got the silver medal.
Ai mori medaljen e argjendtë.

109 - 2

Close the door properly.
Mbyllni derën siç duhet.

16/52

109 - 3

Did it rain there?
A ra shi atje?

109 - 4

That's too expensive.
Kjo është shumë e shtrenjtë.

109 - 5

Close your eyes.
Mbylli syte.

109 - 6

All the best.
Gjithe te mirat.

109 - 7

This juice is too sweet.
Ky lëng është shumë i ëmbël.

Day 109

Week 16

110 - 1

That is 100% cotton.
Kjo është 100% pambuk.

110 - 2

Glad to meet you.
Gëzohem që u njohëm.

110 - 3

16/52

Remind me.
Me kujto.

110 - 4

Why did he come?
Pse erdhi ai?

110 - 5

I am a computer analyst.
Unë jam një analist kompjuteri.

110 - 6

Let's pay separately.
Le të paguajmë veçmas.

110 - 7

I am happy today.
Jam i lumtur sot.

Day 110

Week 16

111 - 1

Emergency telephone.
Telefon urgjence.

111 - 2

What's your surname?
Si e keni mbiemrin?

16/52

111 - 3

Speak louder, please.
Fol më me zë, të lutem.

111 - 4

Where's the bank?
Ku është banka?

111 - 5

He's still young.
Ai është ende i ri.

111 - 6

How late is it?
Sa vonë është?

111 - 7

I slept well last night.
Kam fjetur mirë natën e kaluar.

Day 111

Test 16

112 - 1

That would be fantastic!

112 - 2

He is a good cook.

112 - 3

My wife is from London.

16/52

112 - 4

Did it rain there?

112 - 5

Glad to meet you.

112 - 6

Emergency telephone.

112 - 7

I slept well last night.

Day 112

Week 17

113 - 1

This meat is greasy.
Ky mish është i yndyrshëm.

113 - 2

Are you free next week?
Jeni të lirë javën tjetër?

17/52

113 - 3

Let's share more ideas.
Le të ndajmë më shumë ide.

113 - 4

Here's the menu.
Këtu është menyja.

113 - 5

Have lunch.
Ha dreke.

113 - 6

It was pouring today.
Sot po binte.

113 - 7

Do not lie.
Mos genje.

Day 113

Week 17

114 - 1

The food smells good.
Ushqimi ka erë të mirë.

114 - 2

I'll check.
Unë do të kontrolloj.

114 - 3

You can try it.
Mund ta provoni.

17/52

114 - 4

Is this on sale?
A është kjo në shitje?

114 - 5

It's time for lunch.
Është koha për drekë.

114 - 6

She uses a wheelchair.
Ajo përdor një karrige me rrota.

114 - 7

All right.
Në rregull.

Day 114

Week 17

115 - 1

When you've finished,
Kur të kesh mbaruar,

115 - 2

How old is the victim?
Sa vjeç është viktima?

17/52

115 - 3

I'll be back.
Do të kthehem.

115 - 4

Shall I make tea?
Të bëj çaj?

115 - 5

I don't have some cash.
Nuk kam ca para.

115 - 6

Good job.
Punë e mirë.

115 - 7

Do not open.
Mos e hap.

Day 115

Week 17

116 - 1

He made her very angry.
Ai e zemëroi shumë atë.

116 - 2

He is my colleague.
Ai është kolegu im.

116 - 3

It might rain today.
Mund të bjerë shi sot.

116 - 4

Both are the same.
Të dyja janë të njëjta.

116 - 5

I don't like him.
Nuk më pëlqen ai.

116 - 6

He's very popular.
Ai është shumë popullor.

116 - 7

Stay with me.
Rri me mua.

Day 116

Week 17

117 - 1

I'd be happy to.
Do të isha i lumtur.

117 - 2

Happy New Year!
Gëzuar Vitin e Ri!

17/52

117 - 3

Where is your house?
Ku është shtëpia juaj?

117 - 4

Maximum occupancy.
Kapaciteti maksimal.

117 - 5

A sprig of parsley.
Një degëz majdanoz.

117 - 6

I have a scooter.
Unë kam një skuter.

117 - 7

Please move forward.
Ju lutem ecni përpara.

Day 117

Week 17

118 - 1

I paid my car tax.
Kam paguar taksën e makinës.

118 - 2

Where are my books?
Ku janë librat e mi?

118 - 3

He is my husband.
Ai është burri im.

17/52

118 - 4

My throat is a bit dry.
Më është tharë pak fyti.

118 - 5

This sofa feels good.
Ky divan ndihet mirë.

118 - 6

How's your day going?
Si po ju shkon dita?

118 - 7

I'm painting the wall.
Unë jam duke lyer murin.

Day 118

Test 17

119 - 1

It was pouring today.

119 - 2

It's time for lunch.

17/52

119 - 3

Shall I make tea?

119 - 4

It might rain today.

119 - 5

Happy New Year!

119 - 6

I paid my car tax.

119 - 7

I'm painting the wall.

Day 119

Week 18

120 - 1

This is my friend.
Ky eshte shoku im.

120 - 2

He knows my number.
Ai e di numrin tim.

120 - 3

How do you do?
Ç'kemi?

120 - 4

I have no problem.
Nuk kam problem.

120 - 5

I took the first train.
Mora trenin e parë.

120 - 6

It's not a big deal.
Nuk është një punë e madhe.

120 - 7

Her hair is very long.
Flokët e saj janë shumë të gjata.

Day 120

Week 18

121 - 1

We entered the woods.
Hymë në pyll.

121 - 2

Can I see the menu?
A mund ta shoh menunë?

18/52

121 - 3

Thanks for the tip.
Faleminderit për këshillën.

121 - 4

Julia is my sister.
Julia është motra ime.

121 - 5

I'll be glad to do so.
Do të jem i lumtur ta bëj këtë.

121 - 6

It rained yesterday.
Dje ra shi.

121 - 7

My wallet is empty.
Portofoli im është bosh.

Day 121

Week 18

122 - 1

He has a weak stomach.
Ai ka një stomak të dobët.

122 - 2

I got an email from him.
Mora një email nga ai.

122 - 3

Don't confuse me.
Mos më ngatërroni.

18/52

122 - 4

He has weekdays off.
Ai ka ditë pushimi.

122 - 5

It's always lively here.
Është gjithmonë e gjallë këtu.

122 - 6

He's greedy for money.
Ai është i pangopur për para.

122 - 7

The sweater has shrunk.
Trikoja është tkurrur.

Day 122

Week 18

123 - 1

It's very cool today.
Është shumë mirë sot.

123 - 2

When is your birthday?
Kur e ke ditëlindjen?

18/52

123 - 3

I have a sore throat.
Unë kam një dhimbje të fytit.

123 - 4

It's a waste of time.
Është humbje kohe.

123 - 5

I think it's boring.
Mendoj se është e mërzitshme.

123 - 6

What's new?
Cfare ka te re?

123 - 7

Be aware of cyclists.
Jini të vetëdijshëm për çiklistët.

Day 123

Week 18

124 - 1

He lives around here.
Ai jeton këtu përreth.

124 - 2

Who is still answering?
Kush po pergjigjet akoma?

124 - 3

Please keep quiet.
Ju lutemi heshtni.

18/52

124 - 4

Where do you live?
Ku jeton?

124 - 5

I drank a little wine.
Piva pak verë.

124 - 6

Nice wearther, isn't it?
Veshje e bukur, apo jo?

124 - 7

This is a great chance.
Ky është një shans i madh.

Day 124

Week 18

125 - 1

I have a toothache.
Kam dhimbje dhëmbi.

125 - 2

Who is not here today?
Kush nuk është këtu sot?

125 - 3

The building collapsed.
Ndërtesa u shemb.

125 - 4

You don't have to wait.
Nuk duhet të presësh.

125 - 5

He spoke loudly.
Ai foli me zë të lartë.

125 - 6

What time is it?
Sa eshte ora?

125 - 7

These grapes are sour.
Ky rrush është i thartë.

Day 125

Test 18

126 - 1

It's not a big deal.

126 - 2

I'll be glad to do so.

126 - 3

He has weekdays off.

18/52

126 - 4

I have a sore throat.

126 - 5

Who is still answering?

126 - 6

I have a toothache.

126 - 7

These grapes are sour.

Day 126

Week 19

127 - 1

I feel chilly somehow.
Ndihem i ftohtë disi.

127 - 2

That was a great match!
Ishte një ndeshje e madhe!

127 - 3

19/52

What does it mean?
Çfarë do të thotë?

127 - 4

Do you have any quirks?
Keni ndonjë veçori?

127 - 5

She rarely gets angry.
Ajo rrallë zemërohet.

127 - 6

I have my own business.
Unë kam biznesin tim.

127 - 7

Find the value of x.
Gjeni vlerën e x.

Day 127

Week 19

128 - 1

Where do I come from?
Nga vij unë?

128 - 2

What are your symptoms?
Cilat janë simptomat tuaja?

128 - 3

This box is heavy.
Kjo kuti është e rëndë.

19/52

128 - 4

I hate ironing.
E urrej hekurosjen.

128 - 5

Safe trip!
Udhëtim i sigurt!

128 - 6

We are hungry.
Ne jemi te uritur.

128 - 7

My friend defended me.
Shoku im më mbrojti.

Day 128

Week 19

19/52

129 - 1

I met her in the town.
E takova në qytet.

129 - 2

You deserve it!
Ti e meriton!

129 - 3

How's it going?
Si po shkon?

129 - 4

What was your best trip?
Cili ishte udhëtimi juaj më i mirë?

129 - 5

You can't.
Nuk mundesh.

129 - 6

Let's bring some water.
Le të sjellim pak ujë.

129 - 7

Who am I talking to?
Me kë po flas?

Day 129

Week 19

130 - 1

I really appreciate it.
Unë vërtet e vlerësoj atë.

130 - 2

It's been too long.
Ka kaluar shumë kohë.

130 - 3

The pool is packed.
Pishina është e mbushur plot.

19/52

130 - 4

I saw the trailer.
E pashë trailerin.

130 - 5

I'm finished.
kam mbaruar.

130 - 6

Is this book good?
A është i mirë ky libër?

130 - 7

How is it?
si është?

Day 130

Week 19

131 - 1

Where's the florist's?
Ku është luleshitësi?

131 - 2

No, thank you.
Jo faleminderit.

131 - 3

19/52

I am on a business trip.
Unë jam në një udhëtim pune.

131 - 4

He injured his elbow.
Ai ka lënduar bërrylin.

131 - 5

Where is the bus stop?
Ku eshte stacioni i autobusit?

131 - 6

Which one of these?
Cila nga këto?

131 - 7

He tried an experiment.
Ai provoi një eksperiment.

Day 131

Week 19

132 - 1

Do you have any doubt?
A keni ndonjë dyshim?

132 - 2

I'll go there by bus.
Unë do të shkoj atje me autobus.

132 - 3

Insert your pin code.
Fut kodin tuaj pin.

132 - 4

I get up at 6.30.
Ngrihem në 6.30.

132 - 5

It was my pleasure.
Ishte kënaqësia ime.

132 - 6

He plays the guitar.
Ai i bie kitarës.

132 - 7

I bought a new table.
Bleva një tavolinë të re.

Day 132

Test 19

133 - 1

I have my own business.

133 - 2

Safe trip!

133 - 3

What was your best trip?

19/52

133 - 4

The pool is packed.

133 - 5

No, thank you.

133 - 6

Do you have any doubt?

133 - 7

I bought a new table.

Day 133

Week 20

134 - 1

I completely agree.
Jam plotësisht dakord.

134 - 2

Would you mind?
E ke bezdi?

134 - 3

Would you like a bag?
Dëshironi një çantë?

20/52

134 - 4

I work from home.
Unë punoj nga shtëpia.

134 - 5

It's yummy.
Është i shijshëm.

134 - 6

The skirt is too short.
Fundi është shumë i shkurtër.

134 - 7

I am Mary.
Unë jam Maria.

Day 134

Week 20

135 - 1

When is he expected?
Kur pritet ai?

135 - 2

Is he at home?
A është ai në shtëpi?

135 - 3

It's too long for me.
Është shumë e gjatë për mua.

20/52

135 - 4

Who would like to read?
Kush do të donte të lexonte?

135 - 5

I have a car.
Unë kam një makinë.

135 - 6

It is quite tasty.
Është mjaft e shijshme.

135 - 7

I need a doctor.
Kam nevoje per nje doktor.

Day 135

Week 20

136 - 1

Sure. Just a moment.
Sigurisht. Vetëm një çast.

136 - 2

He doesn't smoke.
Ai nuk pi duhan.

136 - 3

Her face is pale.
Fytyra e saj është e zbehtë.

136 - 4

Do you know that girl?
E njeh atë vajzë?

136 - 5

The weather is hot.
Moti është i nxehtë.

136 - 6

Let's go home.
Le të shkojmë në shtëpi.

136 - 7

I had twin baby girls.
Kam pasur vajza binjake.

Day 136

Week 20

137 - 1

He came by car.
Ai erdhi me makinë.

137 - 2

What brings you here?
Çka ju sjell ketu?

137 - 3

Please open the window.
Ju lutemi hapni dritaren.

20/52

137 - 4

Can I try it on, please?
Mund ta provoj, ju lutem?

137 - 5

Can I travel?
A mund të udhëtoj?

137 - 6

That's awful.
Kjo është e tmerrshme.

137 - 7

Hang on for a moment.
Prisni për një moment.

Day 137

Week 20

138 - 1

I started a new job.
Fillova një punë të re.

138 - 2

This is a lonely song.
Kjo është një këngë e vetmuar.

138 - 3

This whisky is strong.
Ky uiski është i fortë.

138 - 4

Alcohol is colorless.
Alkooli është pa ngjyrë.

138 - 5

Here is the bill.
Këtu është fatura.

138 - 6

Good luck.
Paç fat.

138 - 7

Here's my ID.
Këtu është ID-ja ime.

Day 138

Week 20

139 - 1

He's sometimes late.
Ai ndonjëherë është vonë.

139 - 2

I live with my friends.
Unë jetoj me miqtë e mi.

20/52

139 - 3

What a stubborn child!
Sa fëmijë kokëfortë!

139 - 4

I want to gain weight.
Unë dua të shtoj peshë.

139 - 5

What is my room number?
Cili është numri i dhomës sime?

139 - 6

Please hold the door.
Ju lutem mbajeni derën.

139 - 7

Can I give you a hand?
Mund të të jap një dorë?

Day 139

Test 20

140 - 1

The skirt is too short.

140 - 2

I have a car.

140 - 3

Do you know that girl?

20/52

140 - 4

Please open the window.

140 - 5

This is a lonely song.

140 - 6

He's sometimes late.

140 - 7

Can I give you a hand?

Day 140

Week 21

141 - 1

That's so sad.
Kjo është shumë e trishtueshme.

141 - 2

Did you return the book?
E ktheve librin?

141 - 3

Don't mention it.
Mos e përmend.

21/52

141 - 4

I'll connect you now.
Unë do t'ju lidh tani.

141 - 5

Is this organic?
Është organike kjo?

141 - 6

Talk to a witness.
Flisni me një dëshmitar.

141 - 7

Keep cool.
Mbani ftohtë.

Day 141

Week 21

142 - 1

Reduce the volume.
Zvogëloni volumin.

142 - 2

My mother was crying.
Nëna ime po qante.

142 - 3

He is a Business Man.
Ai është një njeri i biznesit.

21/52

142 - 4

Please come.
Ju lutem ejani.

142 - 5

Roses smell sweet.
Trëndafilat kanë erë të ëmbël.

142 - 6

Why is the train late?
Pse treni është vonë?

142 - 7

That would be okay.
Kjo do të ishte në rregull.

Day 142

Week 21

143 - 1

Don't make me angry.
Mos më zemëro.

143 - 2

I've got a sore throat.
Unë kam një dhimbje të fytit.

143 - 3

Stop the car.
Ndaloni makinën.

21/52

143 - 4

I am John.
Unë jam Gjoni.

143 - 5

He fired the servant.
Ai e pushoi shërbëtorin.

143 - 6

He loves barbecues.
Ai i pëlqen Barbekju.

143 - 7

Switch off the T.V.
Fikeni T.V.

Day 143

Week 21

144 - 1

Which one is the sauce?
Cila është salca?

144 - 2

Watch your mouth.
Kujdes gojën.

144 - 3

Make a withdrawal.
Bëni një tërheqje.

21/52

144 - 4

Nice to meet you too.
Gëzohem gjithashtu që u njohëm.

144 - 5

That's not right.
Kjo nuk është e drejtë.

144 - 6

This orange is sour.
Ky portokall është i thartë.

144 - 7

I received a threat.
Kam marrë një kërcënim.

Day 144

Week 21

145 - 1

I need a new toothbrush.
Më duhet një furçë dhëmbësh e re.

145 - 2

I love dogs.
Unë i dua qentë.

145 - 3

Does he act well?
A vepron ai mirë?

21/52

145 - 4

I told him everything.
I thashë të gjitha.

145 - 5

That's a great idea.
Kjo është një ide e madhe.

145 - 6

What's that?
Cfare eshte kjo?

145 - 7

She gripped my hand.
Ajo më kapi dorën.

Day 145

Week 21

146 - 1

He's a soccer player.
Ai është një futbollist.

146 - 2

Just a minute please.
Vetëm një minutë ju lutem.

146 - 3

It's my fault.
Është faji im.

21/52

146 - 4

You need to swipe it.
Duhet ta rrëshqitni.

146 - 5

He is doing fine.
Ai po bën mirë.

146 - 6

Where does he live?
Ku jeton ai?

146 - 7

I can't avoid it.
Nuk mund ta shmang.

Day 146

Test 21

147 - 1

Talk to a witness.

147 - 2

Roses smell sweet.

147 - 3

I am John.

21/52

147 - 4

Make a withdrawal.

147 - 5

I love dogs.

147 - 6

He's a soccer player.

147 - 7

I can't avoid it.

Day 147

Week 22

148 - 1

My head aches.
Koka më dhemb.

148 - 2

I hate carrots.
I urrej karotat.

148 - 3

What's happening?
Cfare po ndodh?

22/52

148 - 4

Your table is ready.
Tabela juaj është gati.

148 - 5

No, I'm serious.
Jo, e kam seriozisht.

148 - 6

You are not allowed to.
Nuk ju lejohet.

148 - 7

It will rain tomorrow.
Do të bjerë shi nesër.

Day 148

Week 22

149 - 1

I apologize for.
Kërkoj falje për.

149 - 2

It's five to five.
Është pesë deri në pesë.

149 - 3

His driving is awful.
Drejtimi i tij është i tmerrshëm.

22/52

149 - 4

Can I sit here?
A mund te ulem ketu?

149 - 5

Sorry for my fault.
Më fal për fajin tim.

149 - 6

It's my duty to do it.
Është detyra ime ta bëj.

149 - 7

No big thing.
Asnjë gjë e madhe.

Day 149

Week 22

150 - 1

He came on Wednesday.
Ai erdhi të mërkurën.

150 - 2

Please wear slippers.
Ju lutem vishni pantofla.

150 - 3

He's a great scholar.
Ai është një dijetar i madh.

22/52

150 - 4

I'm glad to see you.
Më vjen mirë që të shoh.

150 - 5

I am on a diet.
Unë jam në dietë.

150 - 6

Nobody can replace him.
Askush nuk mund ta zëvendësojë atë.

150 - 7

Best of luck.
Ju uroj fat.

Day 150

Week 22

151 - 1

He's a cunning man.
Ai është një njeri dinak.

151 - 2

What's going on?
Çfarë po ndodh?

151 - 3

Is service included?
A përfshihet shërbimi?

22/52

151 - 4

I wouldn't mind.
Nuk do të kisha problem.

151 - 5

Someone stole my bag.
Dikush më vodhi çantën.

151 - 6

Take a deep breath.
Merr fryme thelle.

151 - 7

The view is incredible.
Pamja është e pabesueshme.

Day 151

Week 22

152 - 1

I got a promotion today.
Kam marrë një promovim sot.

152 - 2

It was a very sad movie.
Ishte një film shumë i trishtuar.

152 - 3

He's older than me.
Ai është më i vjetër se unë.

152 - 4

How are you?
Si jeni?

152 - 5

I have no time.
Nuk kam kohe.

152 - 6

No classes tomorrow.
Nuk ka mësim nesër.

152 - 7

Where do I have to sign?
Ku duhet të nënshkruaj?

Day 152

Week 22

153 - 1

Is the machine working?
A punon makina?

153 - 2

I got drunk last night.
Jam dehur mbrëmë.

153 - 3

My father snores loudly.
Babai im gërhit me zë të lartë.

22/52

153 - 4

My room is rectangular.
Dhoma ime është drejtkëndëshe.

153 - 5

Do not lean.
Mos u përkul.

153 - 6

The snow has piled up.
Bora është grumbulluar.

153 - 7

I ordered a hamburger.
Kam porositur një hamburger.

Day 153

Test 22

154 - 1

You are not allowed to.

154 - 2

Sorry for my fault.

154 - 3

I'm glad to see you.

22/52

154 - 4

Is service included?

154 - 5

It was a very sad movie.

154 - 6

Is the machine working?

154 - 7

I ordered a hamburger.

Day 154

Week 23

155 - 1

Be careful.
Bej kujdes.

155 - 2

What brand is that?
Çfarë marke është ajo?

155 - 3

Can you help me?
A mund te me ndihmosh?

23/52

155 - 4

I go to a gym.
Unë shkoj në një palestër.

155 - 5

Please help me out sir.
Ju lutem më ndihmoni zotëri.

155 - 6

Bless you!
Shendet!

155 - 7

I am fine.
Jam mirë.

Day 155

Week 23

156 - 1

Dry flat in shade.
Thatë banesë në hije.

156 - 2

Smoking area.
Zona e pirjes së duhanit.

156 - 3

It was a touching film.
Ishte një film prekës.

23/52

156 - 4

Go straight on.
Shkoni drejt.

156 - 5

Are you with me?
Jeni ju me mua?

156 - 6

She is a bad woman.
Ajo është një grua e keqe.

156 - 7

Please have your seat.
Ju lutemi qëndroni në vendin tuaj.

Day 156

Week 23

157 - 1

Why did you go there?
Pse shkuat atje?

157 - 2

Ice is a solid.
Akulli është i ngurtë.

157 - 3

How old are you?
sa vjec jeni?

23/52

157 - 4

The light is still on.
Drita është ende e ndezur.

157 - 5

Do you have any idea?
A keni ndonjë ide?

157 - 6

Where's the post office?
Ku është posta?

157 - 7

No one knows the future.
Askush nuk e di të ardhmen.

Day 157

Week 23

158 - 1

Note the address.
Shënoni adresën.

158 - 2

Certainly.
Sigurisht.

158 - 3

It's very unlikely.
Është shumë e pamundur.

23/52

158 - 4

She's good at makeup.
Ajo është e mirë në grim.

158 - 5

Don't shout.
Mos bërtisni.

158 - 6

I have pain in my back.
Kam dhimbje në shpinë.

158 - 7

Please call me at home.
Ju lutem më telefononi në shtëpi.

Day 158

Week 23

159 - 1

That's all for today.
Kaq për sot.

159 - 2

How long will you stay?
Sa gjatë do të qëndrosh?

159 - 3

That's very kind of you.
Kjo është shumë e sjellshme nga ana juaj.

23/52

159 - 4

He is busy as usual.
Ai është i zënë si zakonisht.

159 - 5

This chair is shaky.
Kjo karrige është e lëkundur.

159 - 6

The time now is 6:35.
Ora tani është 6:35.

159 - 7

People speak French.
Njerëzit flasin frëngjisht.

Day 159

Week 23

160 - 1

Don't lose your receipt!
Mos e humbisni faturën tuaj!

160 - 2

What happened?
Cfare ndodhi?

160 - 3

The water has boiled.
Uji ka vluar.

160 - 4

23/52

I have lost my card.
Unë kam humbur kartën time.

160 - 5

Where do you work?
Ku punon?

160 - 6

Happy Anniversary!
Gezuar pervjetorin!

160 - 7

That's an extreme idea.
Kjo është një ide ekstreme.

Day 160

Test 23

161 - 1

Bless you!

161 - 2

Are you with me?

161 - 3

The light is still on.

23/52

161 - 4

It's very unlikely.

161 - 5

How long will you stay?

161 - 6

Don't lose your receipt!

161 - 7

That's an extreme idea.

Day 161

Week 24

162 - 1

I have some books.
Unë kam disa libra.

162 - 2

How long is the film?
Sa zgjat filmi?

162 - 3

How tall is that tower?
Sa e gjatë është ajo kullë?

24/52

162 - 4

I couldn't care less.
Nuk mund të më interesonte më pak.

162 - 5

He led her in the dance.
E çoi në valle.

162 - 6

How is your husband?
Si është burri juaj?

162 - 7

Please call back later.
Ju lutemi telefononi më vonë.

Day 162

Week 24

163 - 1

Follow the signs.
Ndiqni shenjat.

163 - 2

This pillow is too low.
Ky jastëk është shumë i ulët.

163 - 3

Turn around.
Kthehuni.

24/52

163 - 4

I like you.
me pelqen ti.

163 - 5

Thanks for calling.
Faleminderit për thirrjen.

163 - 6

Please don't be so sad.
Të lutem mos u trishto kaq shumë.

163 - 7

We have plenty of time.
Kemi mjaft kohë.

Day 163

Week 24

164 - 1

Is it true?
A është e vërtetë?

164 - 2

Will you marry me?
Do të martohesh me mua?

164 - 3

I have a dull feeling.
Kam një ndjenjë të mërzitshme.

164 - 4

24/52

Do what you like.
Bëj atë që të pëlqen.

164 - 5

It's going to rain.
Do bjere shi.

164 - 6

Have you heard the news?
I keni dëgjuar lajmet?

164 - 7

First, you.
Së pari ju.

Day 164

Week 24

165 - 1

Don't cry.
mos qaj.

165 - 2

Take them with you.
Merrni ato me vete.

165 - 3

Don't rush me.
Mos me nxito.

24/52

165 - 4

Sorry but we are full.
Na vjen keq por jemi plot.

165 - 5

I'm a terrible singer.
Unë jam një këngëtar i tmerrshëm.

165 - 6

This one is cheaper.
Ky është më i lirë.

165 - 7

My boss is very strict.
Shefi im është shumë i rreptë.

Day 165

Week 24

166 - 1

Can I have one?
A mund të kem një?

166 - 2

He is on leave.
Ai është me leje.

166 - 3

I left a key with him.
I lashë një çelës.

166 - 4

24/52

It smells good.
Ka erë të mirë.

166 - 5

I am so stressed.
Jam kaq i stresuar.

166 - 6

That's so kind of you.
Është kaq i sjellshëm nga ana juaj.

166 - 7

Trust me, I can do it.
Më beso, unë mund ta bëj.

Day 166

Week 24

167 - 1

Who's next?
Kush eshte tjetri?

167 - 2

He likes spicy food.
I pëlqen ushqimi pikant.

167 - 3

He tested the software.
Ai testoi softuerin.

24/52

167 - 4

Turn left.
Kthehu majtas.

167 - 5

I'm quite sure about it.
Unë jam mjaft i sigurt për të.

167 - 6

Sea water is salty.
Uji i detit është i kripur.

167 - 7

Is everyone injured?
A janë të gjithë të lënduar?

Day 167

Test 24

168 - 1

How is your husband?

168 - 2

Thanks for calling.

168 - 3

Do what you like.

168 - 4

Don't rush me.

24/52

168 - 5

He is on leave.

168 - 6

Who's next?

168 - 7

Is everyone injured?

Day 168

Week 25

169 - 1

Is your wife employed?
A është gruaja juaj e punësuar?

169 - 2

Don't you have a pen?
Nuk keni një stilolaps?

169 - 3

I will not buy it.
Unë nuk do ta blej atë.

169 - 4

25/52

Don't you have change?
Nuk keni ndryshim?

169 - 5

We had a smooth landing.
Patëm një ulje të qetë.

169 - 6

I really enjoyed it.
Më pëlqeu shumë.

169 - 7

Let it go.
Lëreni të shkojë.

Day 169

Week 25

170 - 1

So what?
Edhe çfarë?

170 - 2

I go by scooter.
Unë shkoj me skuter.

170 - 3

I like to be alone.
Më pëlqen të jem vetëm.

170 - 4

I've been tired today.
Unë kam qenë i lodhur sot.

25/52

170 - 5

Put out the fire.
Fikeni zjarrin.

170 - 6

You must not.
Ju nuk duhet.

170 - 7

Don't beat him.
Mos e rrah.

Day 170

Week 25

171 - 1

I chilled beer.
Kam ftohur birrë.

171 - 2

She closed her eyes.
Ajo mbylli sytë.

171 - 3

How is the weather like?
Si është moti?

171 - 4

25/52

Could I have a refund?
A mund të kem një rimbursim?

171 - 5

Do not wash.
Mos lani.

171 - 6

What time is it leaving?
Sa ora po niset?

171 - 7

Hello, can you hear me?
Përshëndetje, a mund të më dëgjoni?

Day 171

Week 25

172 - 1

The teacher guides us.
Mësuesi na udhëzon.

172 - 2

Which one do you want?
cilin e doni?

172 - 3

Did I ask them to wait?
A u kërkova të prisnin?

172 - 4

Get dressed quickly.
Vishu shpejt.

25/52

172 - 5

You are so kind.
Ju jeni kaq i sjellshëm.

172 - 6

He's good at singing.
Ai është i zoti të këndojë.

172 - 7

I do the paperwork.
Unë bëj dokumentet.

Day 172

Week 25

173 - 1

He stood on the stage.
Ai qëndroi në skenë.

173 - 2

What time can we meet?
Në çfarë ore mund të takohemi?

173 - 3

It's was nothing.
Nuk ishte asgjë.

25/52

173 - 4

Bring them here.
Sillni këtu.

173 - 5

This is my brother.
Ky eshte vellai im.

173 - 6

I see what you mean.
E kuptoj se çfarë do të thuash.

173 - 7

I think you're right.
Mendoj se ke te drejte.

Day 173

Week 25

174 - 1

Let me introduce myself.
Më lër të prezantohem.

174 - 2

The room light is on.
Drita e dhomës është ndezur.

174 - 3

He hit on a good idea.
Ai goditi një ide të mirë.

174 - 4

I found a new job.
Gjeta një punë të re.

25/52

174 - 5

Can I take any message?
A mund të marr ndonjë mesazh?

174 - 6

What sizes do you have?
Çfarë përmasash keni?

174 - 7

Do you think it is true?
A mendoni se është e vërtetë?

Day 174

Test 25

175 - 1

I really enjoyed it.

175 - 2

Put out the fire.

175 - 3

Could I have a refund?

25/52

175 - 4

Did I ask them to wait?

175 - 5

What time can we meet?

175 - 6

Let me introduce myself.

175 - 7

Do you think it is true?

Day 175

Week 26

176 - 1

I feel powerful.
Ndihem i fuqishëm.

176 - 2

Practice first aid.
Praktikoni ndihmën e parë.

176 - 3

It does not fit my size.
Nuk i përshtatet madhësisë sime.

176 - 4

I'm 27 years old.
Unë jam 27 vjeç.

26/52

176 - 5

Hi! How are you doing?
Përshëndetje! Si po ja kalon?

176 - 6

When will they come?
Kur do të vijnë?

176 - 7

She's an office worker.
Ajo është një punonjëse zyre.

Day 176

Week 26

177 - 1

I can't read a map.

Unë nuk mund të lexoj një hartë.

177 - 2

Heat the pan.

Ngroheni tiganin.

177 - 3

I don't agree with you.

Unë nuk jam dakord me ju.

177 - 4

26/52

Please give an example.

Ju lutemi jepni një shembull.

177 - 5

My specialty is law.

Specialiteti im është drejtësia.

177 - 6

His legs are short.

Këmbët e tij janë të shkurtra.

177 - 7

My son turned six.

Djali im mbushi gjashtë vjet.

Day 177

Week 26

178 - 1

Are you following me?
Po me ndjek mua?

178 - 2

I need home insurance.
Unë kam nevojë për sigurimin e shtëpisë.

178 - 3

I'm angry about.
Unë jam i zemëruar për.

178 - 4

Where's the grocer's?
Ku është bakalli?

26/52

178 - 5

This meat is not fresh.
Ky mish nuk është i freskët.

178 - 6

Are you on Facebook?
A je në Facebook?

178 - 7

It's not my fault.
Kjo nuk është faji im.

Day 178

Week 26

179 - 1

There's one problem.
Ka një problem.

179 - 2

He never keeps secrets.
Ai kurrë nuk mban sekrete.

179 - 3

He loaded the pistol.
Ai mbushi pistoletën.

179 - 4

26/52

The knife cuts well.
Thika prehet mirë.

179 - 5

I'm off work tomorrow.
Unë jam jashtë punës nesër.

179 - 6

He watches movies a lot.
Ai shikon shumë filma.

179 - 7

Stop chattering.
Ndalo muhabetin.

Day 179

Week 26

180 - 1

He took off his glasses.
Ai hoqi syzet.

180 - 2

Let's call the waiter.
Le të thërrasim kamerierin.

180 - 3

Add a little more salt.
Shtoni edhe pak kripë.

180 - 4

I've fully recovered.
Jam shëruar plotësisht.

180 - 5

I did it because of you.
E bëra për shkakun tënd.

180 - 6

It is as you say.
eshte sic thua ti.

180 - 7

How do I know that?
Si e di unë këtë?

Day 180

Week 26

181 - 1

I accepted his opinion.
Unë e pranova mendimin e tij.

181 - 2

Who designed this one?
Kush e projektoi këtë?

181 - 3

Keep your word.
Mbaje fjalën.

181 - 4

First aid center.
qendra e ndihmës së parë.

26/52

181 - 5

I wrote him a letter.
I shkrova një letër.

181 - 6

Is she your sister?
A është ajo motra juaj?

181 - 7

The sky is deep blue.
Qielli është blu i thellë.

Day 181

Test 26

182 - 1

When will they come?

182 - 2

My specialty is law.

182 - 3

Where's the grocer's?

182 - 4

He loaded the pistol.

26/52

182 - 5

Let's call the waiter.

182 - 6

I accepted his opinion.

182 - 7

The sky is deep blue.

Day 182

Week 27

183 - 1

Yes, I am certain.
Po, jam i sigurt.

183 - 2

I bought one book.
Bleva një libër.

183 - 3

Don't be too greedy.
Mos jini shumë të pangopur.

183 - 4

Did he attempt?
A u përpoq?

27/52

183 - 5

I tend to think that.
Unë prirem të mendoj se.

183 - 6

How did you get there?
Si shkove atje?

183 - 7

He turned on the tap.
Ai hapi rubinetin.

Day 183

Week 27

184 - 1

What a letdown.
Çfarë zhgënjimi.

184 - 2

I need a green blouse.
Më duhet një bluzë jeshile.

184 - 3

He's incapable.
Ai është i paaftë.

184 - 4

I am from Paris.
Unë jam nga Parisi.

27/52

184 - 5

Let's begin.
Le të fillojmë.

184 - 6

Take care.
Kujdesu.

184 - 7

Perfect!
Perfekte!

Day 184

Week 27

185 - 1

Please stop joking.
Ju lutemi ndaloni shakatë.

185 - 2

The man stole her bag.
Burri i vodhi çantën.

185 - 3

Just take it easy.
Thjesht merre me qetësi.

185 - 4

How many hours drive?
Sa orë me makinë?

27/52

185 - 5

My father yawned.
Babai im u mërzit.

185 - 6

I'll put you through.
Unë do t'ju kaloj.

185 - 7

I hate onions.
Unë i urrej qepët.

Day 185

Week 27

186 - 1

This match is a draw.
Kjo ndeshje është barazim.

186 - 2

Here you go.
Ja ku shkoni.

186 - 3

Her fingers are thin.
Gishtat e saj janë të hollë.

186 - 4

Complete the table.
Plotesoni tabelen.

27/52

186 - 5

My kid wants some juice.
Fëmija im dëshiron pak lëng.

186 - 6

I love cooking.
Më pëlqen të gatuaj.

186 - 7

I didn't wake up early.
Nuk u zgjova herët.

Day 186

Week 27

187 - 1

I guarantee your safety.
Unë garantoj sigurinë tuaj.

187 - 2

No, I don't mind.
Jo, nuk e kam problem.

187 - 3

Next please.
Tjetra ju lutem.

187 - 4

Wear your life guards.
Vishni rojet tuaja të shpëtimit.

27/52

187 - 5

Raise your hands.
Ngrini duart lart.

187 - 6

Don't come near me.
Mos më afro.

187 - 7

Who is this man?
Kush është ky njeri?

Day 187

Week 27

188 - 1

Remember the date.
Mbani mend datën.

188 - 2

I can't move.
Unë nuk mund të lëviz.

188 - 3

This dance is easy.
Kjo valle është e lehtë.

188 - 4

Please come here.
Te lutem eja ketu.

27/52

188 - 5

This pencil is sharp.
Ky laps është i mprehtë.

188 - 6

No thanks, I'll pass.
Jo faleminderit, do të kaloj.

188 - 7

I moved last year.
U zhvendosa vitin e kaluar.

Day 188

Test 27

How did you get there?

Let's begin.

How many hours drive?

Her fingers are thin.

27/52

No, I don't mind.

Remember the date.

I moved last year.

Day 189

Week 28

190 - 1

He's good at baseball.
Ai është i mirë në bejsboll.

190 - 2

There's a bomb!
Ka një bombë!

190 - 3

I want to disappear now.
Unë dua të zhdukem tani.

190 - 4

I work under pressure.
Unë punoj nën presion.

28/52

190 - 5

3 is an odd number.
3 është një numër tek.

190 - 6

How much is this?
Sa kushton kjo?

190 - 7

How many people?
Sa njerez?

Day 190

Week 28

191 - 1

He is my classmate.
Ai është shoku im i klasës.

191 - 2

This dish is tasteless.
Kjo pjatë është pa shije.

191 - 3

Is the story true?
A është e vërtetë historia?

191 - 4

Please be seated.
Ju lutem rrini ulur.

28/52

191 - 5

We met yesterday.
Ne u takuam dje.

191 - 6

My son brought a friend.
Djali im solli një shok.

191 - 7

She has a car.
Ajo ka një makinë.

Day 191

Week 28

192 - 1

Focus on your goal.
Përqendrohuni në qëllimin tuaj.

192 - 2

I am ready.
Jam gati.

192 - 3

Whom do you suspect?
Për kë dyshoni?

192 - 4

I waited two days.
Prita dy ditë.

28/52

192 - 5

She's 27 years old.
Ajo është 27 vjeç.

192 - 6

What day is it?
Çfarë dite është kjo?

192 - 7

He burned his hand.
I dogji dorën.

Day 192

Week 28

193 - 1

I doubt it.
Dyshoj.

193 - 2

She has lots of clothes.
Ajo ka shumë rroba.

193 - 3

He has my number.
Ai ka numrin tim.

193 - 4

Milk was sold out.
Qumështi u shit.

28/52

193 - 5

Well, shall we go?
Epo, do të shkojmë?

193 - 6

I feel sad today.
Ndihem i trishtuar sot.

193 - 7

I can't believe that.
Nuk mund ta besoj këtë.

Day 193

Week 28

194 - 1

What's your view?
Cili është këndvështrimi juaj?

194 - 2

I would rather go home.
Më mirë do të shkoja në shtëpi.

194 - 3

I bought a leather belt.
Bleva një rrip lëkure.

194 - 4

Ice floats on water.
Akulli noton mbi ujë.

28/52

194 - 5

I ate a slice of cheese.
Unë hëngra një fetë djathë.

194 - 6

Don't quarrel with him.
Mos u grind me të.

194 - 7

She injured her arm.
Ajo ka lënduar krahun.

Day 194

Week 28

195 - 1

Why are you laughing?
Pse po qesh?

195 - 2

It's ten o'clock.
Është ora dhjetë.

195 - 3

Do you have a black pen?
A keni një stilolaps të zi?

195 - 4

I don't think so.
Unë nuk mendoj kështu.

28/52

195 - 5

I haven't tried it on.
Nuk e kam provuar.

195 - 6

Can I try this on?
A mund ta provoj këtë?

195 - 7

Describe yourself.
Përshkruani veten.

Day 195

Test 28

196 - 1

How much is this?

196 - 2

We met yesterday.

196 - 3

I waited two days.

196 - 4

He has my number.

28/52

196 - 5

I would rather go home.

196 - 6

Why are you laughing?

196 - 7

Describe yourself.

Day 196

Week 29

---

197 - 1

My jaw hurts.
Më dhemb nofulla.

---

197 - 2

That's a good idea.
Kjo eshte nje ide e mire.

---

197 - 3

Which bus shall I take?
Cilin autobus të marr?

---

197 - 4

I caught a cold.
u ftoh.

29/52

---

197 - 5

Have you ever had a pet?
Keni pasur ndonjëherë një kafshë shtëpiake?

---

197 - 6

I am a social worker.
Unë jam një punonjës social.

---

197 - 7

Send him out.
Dërgoje jashtë.

Day 197

Week 29

198 - 1

I need to see a doctor.
Më duhet të shoh një mjek.

198 - 2

Please forgive me.
Te lutem me fal.

198 - 3

I like grapes.
Më pëlqen rrushi.

198 - 4

I don't feel like it.
Nuk më pëlqen.

29/52

198 - 5

She talks a lot.
Ajo flet shumë.

198 - 6

I'm sleepy.
Unë jam i përgjumur.

198 - 7

Welcome to Japan.
Mirë se vini në Japoni.

Day 198

Week 29

199 - 1

I unlaced my shoes.
I hapa këpucët.

199 - 2

He sold the house.
Ai e shiti shtëpinë.

199 - 3

He could not come today.
Ai nuk mundi të vinte sot.

199 - 4

I have a black bag.
Unë kam një çantë të zezë.

29/52

199 - 5

Turn headlights on.
Ndizni fenerët.

199 - 6

I was moved to tears.
Isha përlotur.

199 - 7

I run my own business.
Unë drejtoj biznesin tim.

Day 199

Week 29

200 - 1

Anything else?
Ndonje gje tjeter?

200 - 2

Can you speak English?
A mund te flasesh anglisht?

200 - 3

I'll ride there.
Unë do të hipem atje.

200 - 4

Forget the past.
Harroje te kaluaren.

29/52

200 - 5

His grades went up.
Notat e tij u rritën.

200 - 6

What day is today?
Cfare dite eshte sot?

200 - 7

Are you sure?
A je i sigurt?

Day 200

Week 29

201 - 1

I am out for lunch.
Unë jam jashtë për drekë.

201 - 2

He teaches mathematics.
Ai jep lëndën e matematikës.

201 - 3

No entry for buses.
Nuk ka hyrje për autobusë.

201 - 4

A dash of pepper.
Një copë piper.

29/52

201 - 5

Mince the garlic.
Grini hudhrën.

201 - 6

He has long legs.
Ai ka këmbë të gjata.

201 - 7

Do you have a pen?
A keni një stilolaps?

Day 201

Week 29

202 - 1

The traffic is clear.
Trafiku është i pastër.

202 - 2

I changed the sheets.
I ndërrova fletët.

202 - 3

Her skin is very white.
Lëkura e saj është shumë e bardhë.

202 - 4

The bus is leaving.
Autobusi po largohet.

29/52

202 - 5

See you.
Shihemi.

202 - 6

He's an actor.
Ai është një aktor.

202 - 7

The sky's gray today.
Qielli sot është gri.

Day 202

Test 29

203 - 1

I am a social worker.

203 - 2

She talks a lot.

203 - 3

I have a black bag.

203 - 4

I'll ride there.

29/52

203 - 5

He teaches mathematics.

203 - 6

The traffic is clear.

203 - 7

The sky's gray today.

Day 203

Week 30

204 - 1
Where are you from?
Nga jeni?

204 - 2
It is very far.
Është shumë larg.

204 - 3
Can I pay by cheque?
A mund të paguaj me çek?

204 - 4
Why are you late?
Pse jeni vonuar?

30/52

204 - 5
I need to get a job.
Më duhet të gjej një punë.

204 - 6
Challenge yourself.
Sfido veten.

204 - 7
Cross the street.
Kaloj rrugen.

Day 204

Week 30

205 - 1

Put on your shirt.
Vishni këmishën tuaj.

205 - 2

My husband is out now.
Burri im tani është jashtë.

205 - 3

Long time no see.
Kohë pa u parë.

205 - 4

That shirt looks cheap.
Kjo këmishë duket e lirë.

30/52

205 - 5

I got sand in my shoes.
Kam rërë në këpucë.

205 - 6

I was glad to meet him.
U gëzova që e takova.

205 - 7

Is the shop open?
A është dyqani i hapur?

Day 205

Week 30

206 - 1

Are you in the queue?
Jeni në radhë?

206 - 2

It is direct?
A është e drejtpërdrejtë?

206 - 3

The server is down.
Serveri nuk funksionon.

206 - 4

Get out of here!
Dil nga ketu!

30/52

206 - 5

I ate heartily.
Unë hëngra me gjithë zemër.

206 - 6

Does he beat me?
A më rrah?

206 - 7

He has gone out.
Ai ka dalë.

Day 206

Week 30

207 - 1

Do the home work.
Të bëjë detyrat e shtëpisë.

207 - 2

What do you do?
Cfare po ben?

207 - 3

Can you play the piano?
Mund të luani piano?

207 - 4

With whom did you come?
Me kë erdhët?

30/52

207 - 5

A double bed, please.
Një krevat dopio, ju lutem.

207 - 6

I don't understand.
nuk e kuptoj.

207 - 7

It's a kind of fruit.
Është një lloj fruti.

Day 207

Week 30

208 - 1

You're hired.
Ju jeni punësuar.

208 - 2

What did he say?
Cfare tha ai?

208 - 3

Do you have a stool?
A keni një stol?

208 - 4

Turn right.
Kthehu djathtas.

30/52

208 - 5

My car has broken down.
Makina ime është prishur.

208 - 6

Many thanks.
Shumë faleminderit.

208 - 7

Boys, be ambitious.
Djema, jini ambiciozë.

Day 208

Week 30

209 - 1

Let's try harder.
Le të përpiqemi më shumë.

209 - 2

I'm lost.
Jam i humbur.

209 - 3

It's an industrial city.
Është një qytet industrial.

209 - 4

Don't worry about it.
Mos u shqetësoni për këtë.

30/52

209 - 5

He has office today.
Ai ka zyrën sot.

209 - 6

Are you tired?
je i lodhur?

209 - 7

I go by bus.
Unë shkoj me autobus.

Day 209

Test 30

210 - 1

Challenge yourself.

210 - 2

I got sand in my shoes.

210 - 3

Get out of here!

210 - 4

Can you play the piano?

30/52

210 - 5

What did he say?

210 - 6

Let's try harder.

210 - 7

I go by bus.

Day 210

Week 31

211 - 1

Please stand up.
Ju lutem Çohuni.

211 - 2

Is this your bag?
A është kjo çanta juaj?

211 - 3

Do not move the victim.
Mos e lëvizni viktimën.

211 - 4

We all saw him off.
Të gjithë e larguam.

31/52

211 - 5

She can speak Italian.
Ajo mund të flasë italisht.

211 - 6

He's a rational person.
Ai është një person racional.

211 - 7

Do you hate him?
A e urreni atë?

Day 211

Week 31

212 - 1

What do you see?
Cfare shikon?

212 - 2

She is bleeding.
Ajo ka gjakderdhje.

212 - 3

Let's keep in touch!
Le të mbajmë kontakt!

212 - 4

He's rich.
Ai është i pasur.

31/52

212 - 5

I loathe ironing.
Unë e urrej hekurosjen.

212 - 6

I keep my books here.
Unë i mbaj librat e mi këtu.

212 - 7

Raise your pencils.
Ngrini lapsat.

Day 212

Week 31

213 - 1

No, you cannot.
Jo ju nuk mund.

213 - 2

Let's check your papers.
Le të kontrollojmë letrat tuaja.

213 - 3

I feel guilty.
Ndihem fajtor.

213 - 4

The ship is sinking.
Anija po fundoset.

31/52

213 - 5

Don't skip meals.
Mos i anashkaloni vaktet.

213 - 6

He is a fine poet.
Ai është një poet i mirë.

213 - 7

Yes, please.
Po të lutem.

Day 213

Week 31

214 - 1

I'm home.
Jam ne shtepi.

214 - 2

Jump at the chance.
Kërceni shansin.

214 - 3

She has a little son.
Ajo ka një djalë të vogël.

214 - 4

I do not feel well.
Nuk ndihem mire.

214 - 5

31/52

How is your brother?
Si është vëllai juaj?

214 - 6

Why are you asking me?
Pse po me pyet mua?

214 - 7

Your pulse is weak.
Pulsi juaj është i dobët.

Day 214

Week 31

215 - 1

I'm very sleepy today.
Unë jam shumë i përgjumur sot.

215 - 2

When is he returning?
Kur po kthehet?

215 - 3

Don't go near him!
Mos iu afro atij!

215 - 4

I don't understand why.
Nuk e kuptoj pse.

31/52

215 - 5

Is this show good?
A është e mirë kjo shfaqje?

215 - 6

It's too big for me.
Është shumë e madhe për mua.

215 - 7

He is smart.
Ai eshte i zgjuar.

Day 215

Week 31

216 - 1

Please bring the chair.
Ju lutemi sillni karrigen.

216 - 2

He's a nice guy.
Ai është një djalë i mirë.

216 - 3

This is a true story.
Kjo është një histori e vërtetë.

216 - 4

Today is my birthday.
Sot është ditëlindja ime.

216 - 5

31/52

Who is he?
Kush eshte ai?

216 - 6

I prefer rice to bread.
Unë preferoj orizin në vend të bukës.

216 - 7

His car is new.
Makina e tij eshte e re.

Day 216

Test 31

217 - 1

He's a rational person.

217 - 2

I loathe ironing.

217 - 3

The ship is sinking.

217 - 4

She has a little son.

31/52

217 - 5

When is he returning?

217 - 6

Please bring the chair.

217 - 7

His car is new.

Day 217

Week 32

218 - 1

Could I speak to John?
A mund të flas me John?

218 - 2

It's not true.
Kjo nuk është e vërtetë.

218 - 3

This is for you.
Kjo është për ju.

218 - 4

See you tomorrow.
Shihemi nesër.

218 - 5

I'm starving.
Po vdes urie.

218 - 6

What do you recommend?
Çfarë rekomandoni?

218 - 7

I decided to marry her.
Vendosa të martohem me të.

Day 218

Week 32

219 - 1

My nails have grown.
Më janë rritur thonjtë.

219 - 2

I prefer tea to coffee.
Unë preferoj çajin në vend të kafesë.

219 - 3

He always wears jeans.
Ai gjithmonë vesh xhinse.

219 - 4

Is it serious?
A është serioze?

32/52

219 - 5

The baby is smiling.
Fëmija është duke buzëqeshur.

219 - 6

You may now go.
Tani mund të shkoni.

219 - 7

Will it rain today?
A do të bjerë shi sot?

Day 219

Week 32

220 - 1

I read the Times.
Kam lexuar Times.

220 - 2

Keep yourself cool.
Mbajeni veten të qetë.

220 - 3

Where is the post box?
Ku është kutia postare?

220 - 4

What a nice dress.
Sa fustan i bukur.

220 - 5

32/52

I'll pay in cash.
Unë do të paguaj me para në dorë.

220 - 6

Your sister is kind.
Motra juaj është e sjellshme.

220 - 7

I love my job.
Unë e dua punën time.

Day 220

Week 32

221 - 1

It's pay day!
Është dita e pagave!

221 - 2

She has two children.
Ajo ka dy fëmijë.

221 - 3

I write right-handed.
Unë shkruaj me dorën e djathtë.

221 - 4

She was very pleased.
Ajo ishte shumë e kënaqur.

221 - 5

32/52

Brilliant idea!
Ide brilante!

221 - 6

Please check the tyres.
Ju lutemi kontrolloni gomat.

221 - 7

Which do you like best?
Cili ju pelqen me shume?

Day 221

Week 32

222 - 1

I really like you.
me pelqen shume.

222 - 2

I go to school by train.
Unë shkoj në shkollë me tren.

222 - 3

I'm on holiday.
jam me pushime.

222 - 4

The floor is slippery.
Dyshemeja është e rrëshqitshme.

222 - 5

This is my house.
Kjo është shtëpia ime.

32/52

222 - 6

The house is spacious.
Shtëpia është e gjerë.

222 - 7

I pickup very fast.
E marr shumë shpejt.

Day 222

Week 32

223 - 1

A table for two, please.
Një tavolinë për dy, ju lutem.

223 - 2

He combed his hair.
I krihi flokët.

223 - 3

Wake him up.
Zgjojeni atë.

223 - 4

Who told you?
Kush te tha?

32/52

223 - 5

Any message please?
Ndonjë mesazh ju lutem?

223 - 6

I can't help you.
Unë nuk mund t'ju ndihmoj.

223 - 7

Listen to me.
Me degjo.

Day 223

Test 32

224 - 1

What do you recommend?

224 - 2

The baby is smiling.

224 - 3

What a nice dress.

224 - 4

I write right-handed.

224 - 5

I go to school by train.

32/52

224 - 6

A table for two, please.

224 - 7

Listen to me.

Day 224

Week 33

225 - 1

A pitcher of beer.
Një shtambë birrë.

225 - 2

No, I don't have one.
Jo, nuk kam një të tillë.

225 - 3

Don't do it again.
Mos e bëj më.

225 - 4

Let me pour you a drink.
Më lër të të derdh një pije.

33/52

225 - 5

I broke my arm.
kam thyer krahun.

225 - 6

Is she reading a novel?
A po lexon ajo një roman?

225 - 7

No smoking.
Ndalohet duhani.

Day 225

Week 33

226 - 1

He broke his promise.
Ai e theu premtimin.

226 - 2

Stop here at red.
Ndaloni këtu në të kuqe.

226 - 3

Read the paragraph.
Lexoni paragrafin.

226 - 4

The road is closed.
Rruga është e mbyllur.

226 - 5

This apple's rotten.
Kjo mollë është e kalbur.

33/52

226 - 6

Eat slowly.
Hani ngadalë.

226 - 7

It's sunny.
është me diell.

Day 226

Week 33

227 - 1

No passing.
Nuk ka kalim.

227 - 2

Thanks so much.
Faleminderit shume.

227 - 3

Does he add wealth?
A shton ai pasuri?

227 - 4

Please come closer.
Ju lutem afrohuni.

33/52

227 - 5

Where do they live?
Ku jetojnë ata?

227 - 6

I arrived home safely.
Mbërrita në shtëpi i sigurt.

227 - 7

That's too bad.
Eshte shume keq.

Day 227

Week 33

228 - 1

Bye. Take care.
Mirupafshim. Kujdesu.

228 - 2

My palms are sweaty.
Më janë djersitur pëllëmbët.

228 - 3

It is very cold.
Është shumë ftohtë.

228 - 4

I hate tests.
I urrej testet.

228 - 5

Incredible.
E pabesueshme.

33/52

228 - 6

Go ahead.
Shkoni përpara.

228 - 7

All are fine.
Të gjithë janë mirë.

Day 228

Week 33

229 - 1

How much is it?
Sa kushton?

229 - 2

I was shocked to hear.
U trondita kur dëgjova.

229 - 3

He's surely a hero.
Ai është me siguri një hero.

229 - 4

It wasn't me.
Nuk isha unë.

33/52

229 - 5

Did you call me?
A më thirre?

229 - 6

The door bell rang.
Zilja e derës ra.

229 - 7

I don't play any sports.
Unë nuk bëj asnjë sport.

Day 229

Week 33

230 - 1

Be quiet as you leave.
Jini të qetë ndërsa largoheni.

230 - 2

He is in debt.
Ai është në borxh.

230 - 3

How did they escape?
Si shpëtuan?

230 - 4

I like French food.
Më pëlqen ushqimi francez.

230 - 5

I will try this.
Unë do ta provoj këtë.

33/52

230 - 6

This is my dream job.
Kjo është puna ime e ëndrrave.

230 - 7

Whose mistake is it?
I kujt është gabimi?

Day 230

Test 33

Is she reading a novel?

This apple's rotten.

Please come closer.

It is very cold.

33/52

I was shocked to hear.

Be quiet as you leave.

Whose mistake is it?

Week 34

232 - 1

Any ideas?
Ndonje ide?

232 - 2

Just a moment please.
Vetëm një moment ju lutem.

232 - 3

Mind the steps.
Kini parasysh hapat.

232 - 4

I missed the bus.
Kam humbur autobusin.

232 - 5

I get up at 5.15.
Ngrihem në 5.15.

34/52

232 - 6

He is on the other line.
Ai është në vijën tjetër.

232 - 7

That sounds nice.
Kjo tingëllon bukur.

Day 232

Week 34

233 - 1

Do not disturb.
Mos shqeteso.

233 - 2

Are you free tomorrow?
A je i lirë nesër?

233 - 3

Work in progress.
Puna në vazhdim.

233 - 4

Don't panic.
Mos u frikësoni.

233 - 5

34/52

Call a fire brigade!
Thirrni një brigadë zjarrfikëse!

233 - 6

I love you.
Unë të dua.

233 - 7

Please include me.
Ju lutem më përfshini mua.

Week 34

234 - 1

Do as you like.
Bëj si të duash.

234 - 2

How long will it take?
Sa do të zgjas?

234 - 3

Let me check for you.
Më lejoni të kontrolloj për ju.

234 - 4

Can I use the gym?
A mund të përdor palestrën?

234 - 5

The meat is cooked.
Mishi është gatuar.

34/52

234 - 6

He's not arrogant.
Ai nuk është arrogant.

234 - 7

It's pouring down.
Po derdhet.

Day 234

Week 34

235 - 1

Her cheeks are all red.
Faqet e saj janë të gjitha të kuqe.

235 - 2

Let's take a break.
Le të bëjmë një pushim.

235 - 3

I am terribly sorry.
me vjen tmerresisht keq.

235 - 4

He denied the rumor.
Ai i mohoi thashethemet.

235 - 5

34/52

She's in the movie.
Ajo është në film.

235 - 6

That movie was boring.
Ai film ishte i mërzitshëm.

235 - 7

Where are you living?
ku jetoni?

Day 235

Week 34

236 - 1

We are three sisters.
Jemi tre motra. ·

236 - 2

I'll go.
Unë do të shkoj.

236 - 3

His wife is beautiful.
Gruaja e tij është e bukur.

236 - 4

I have to go now.
Më duhet të iki tani.

236 - 5

I agree.
jam dakord.

34/52

236 - 6

May I take your order?
Mund të marr porosinë tuaj?

236 - 7

Her skin is smooth.
Lëkura e saj është e lëmuar.

Day 236

Week 34

237 - 1

It's eleven o'clock.
Është ora njëmbëdhjetë.

237 - 2

If only he were here!
Sikur të ishte këtu!

237 - 3

There's nothing here.
Nuk ka asgjë këtu.

237 - 4

Have a pizza.
Pini një pica.

237 - 5

Who are you?
Kush je ti?

34/52

237 - 6

I belong to Oxford.
Unë i përkas Oksfordit.

237 - 7

A handful of beans.
Një grusht fasule.

Day 237

Test 34

238 - 1

He is on the other line.

238 - 2

Call a fire brigade!

238 - 3

Can I use the gym?

238 - 4

I am terribly sorry.

238 - 5

I'll go.

34/52

238 - 6

It's eleven o'clock.

238 - 7

A handful of beans.

Day 238

Week 35

239 - 1

She loves to dance.
Ajo pëlqen të kërcejë.

239 - 2

Show me our sales.
Më tregoni shitjet tona.

239 - 3

Are you John?
Je Gjoni?

239 - 4

Talk to you later.
Flasim më vonë.

239 - 5

Don't move with them.
Mos lëvizni me ta.

35/52

239 - 6

I am friendly.
Unë jam miqësor.

239 - 7

Right of way changed.
E drejta e kalimit ndryshoi.

Day 239

Week 35

240 - 1

What's the problem?
Ku qendron problemi?

240 - 2

Repeat after me.
Perserit pas meje.

240 - 3

I like dogs.
Më pëlqejnë qentë.

240 - 4

What is your opinion?
Cili eshte mendimi juaj?

240 - 5

That's great.
Kjo është e mrekullueshme.

35/52

240 - 6

That is common sense.
Ky është sens i përbashkët.

240 - 7

In what price range?
Në çfarë gamë çmimesh?

Day 240

Week 35

241 - 1

There is an explosion.
Ka një shpërthim.

241 - 2

Don't talk about that.
Mos fol për këtë.

241 - 3

That is okay.
Kjo është në rregull.

241 - 4

The answer is wrong.
Përgjigja është e gabuar.

241 - 5

Are you alright?
A jeni mir?

35/52

241 - 6

What's the time?
Sa eshte ora?

241 - 7

I love my family.
Unë e dua familjen time.

Week 35

242 - 1

Gentle wet cleaning.
Pastrim i butë i lagësht.

242 - 2

Get out of my sight.
Largohu nga sytë e mi.

242 - 3

It is such a lovely day.
Është një ditë kaq e bukur.

242 - 4

I am always positive.
Unë jam gjithmonë pozitiv.

242 - 5

The dynamite exploded.
Dinamiti shpërtheu.

35/52

242 - 6

Please hold on.
Ju lutem prisni.

242 - 7

It's your mistake.
Është gabimi juaj.

Day 242

Week 35

243 - 1

It was a foggy night.
Ishte një natë me mjegull.

243 - 2

Yes, sir!
Po zoteri!

243 - 3

I can't breathe.
Unë nuk mund të marr frymë.

243 - 4

How is everybody?
Si janë të gjithë?

243 - 5

35/52

I have got a puncture.
Unë kam një birë.

243 - 6

Follow this road.
Ndiqni këtë rrugë.

243 - 7

Are you Ok?
A jeni mirë?

Day 243

Week 35

244 - 1

How does it work?
Si punon?

244 - 2

Hello everyone.
Pershendetje te gjitheve.

244 - 3

I love animals.
Unë i dua kafshët.

244 - 4

Don't tell lies.
Mos thuaj gënjeshtra.

244 - 5

How do you know that?
Si e dini këtë?

35/52

244 - 6

What was your first job?
Cila ishte puna juaj e parë?

244 - 7

What should I do?
Cfare duhet te bej?

Day 244

Test 35

245 - 1

I am friendly.

245 - 2

That's great.

245 - 3

The answer is wrong.

245 - 4

It is such a lovely day.

245 - 5

Yes, sir!

35/52

245 - 6

How does it work?

245 - 7

What should I do?

Day 245

Week 36

246 - 1

Did she ask me?
A më pyeti ajo?

246 - 2

I like old cars.
Më pëlqejnë makinat e vjetra.

246 - 3

I feel sleepy.
Më vjen gjumë.

246 - 4

She had surgery.
Ajo kishte një operacion.

246 - 5

I feel sick today.
Ndihem i sëmurë sot.

36/52

246 - 6

I jog every morning.
Bëj vrap çdo mëngjes.

246 - 7

Safety comes first.
Siguria vjen e para.

Day 246

Week 36

247 - 1

Please give me a hint.
Ju lutem më jepni një sugjerim.

247 - 2

I am nervous.
jam nervoz.

247 - 3

She smiled at me.
Ajo më buzëqeshi.

247 - 4

I work as a Professor.
Unë punoj si Profesor.

247 - 5

The engine won't start.
Motori nuk do të fillojë.

36/52

247 - 6

Before you think, try.
Përpara se të mendoni, provoni.

247 - 7

Does he befit always?
A i përshtatet gjithmonë?

Week 36

248 - 1

How do you know her?
Si e njeh atë?

248 - 2

No problem.
Nuk ka problem.

248 - 3

I feel thirsty.
Ndihem i etur.

248 - 4

You can do it!
Ti mund ta besh!

248 - 5

When do you return home?
Kur ktheheni në shtëpi?

36/52

248 - 6

His story is boring.
Historia e tij është e mërzitshme.

248 - 7

May I borrow your book?
A mund të huazoj librin tuaj?

Day 248

Week 36

249 - 1

Can I leave a message?
A mund të lë një mesazh?

249 - 2

How about you?
Po ju?

249 - 3

What did you do?
Cfare bere?

249 - 4

Have a nice weekend.
Kalofshi nje fundjave te bukur.

249 - 5

He was shivering.
Ai po dridhej.

36/52

249 - 6

He has thick eyebrows.
Ai ka vetulla të trasha.

249 - 7

It is already 8.30.
Tashmë është 8.30.

Day 249

Week 36

250 - 1

I didn't mean to.
Nuk doja.

250 - 2

Is he learning English?
A po mëson anglisht?

250 - 3

You look great.
Ju dukeni shkëlqyeshëm.

250 - 4

She hasn't noticed me.
Ajo nuk më ka vënë re.

250 - 5

Happy Valentine's Day!
Gezuar Shen Valentinin!

36/52

250 - 6

Say cheese!
Thuaj djathë!

250 - 7

What a beautiful sunset!
Çfarë perëndimi i bukur i diellit!

Day 250

Week 36

251 - 1

You are all set.
Ju jeni gati.

251 - 2

I belong to Chicago.
Unë i përkas Çikagos.

251 - 3

The bathroom is there.
Banjo është aty.

251 - 4

Time went by so fast.
Koha kaloi kaq shpejt.

251 - 5

Nice work.
Punë e bukur.

36/52

251 - 6

We met on the Internet.
Ne u takuam në internet.

251 - 7

He fulfilled my needs.
Ai plotësoi nevojat e mia.

Day 251

Test 36

252 - 1

I jog every morning.

252 - 2

The engine won't start.

252 - 3

You can do it!

252 - 4

What did you do?

252 - 5

Is he learning English?

36/52

252 - 6

You are all set.

252 - 7

He fulfilled my needs.

Day 252

Week 37

253 - 1

I got wet in the rain.
U lagsha në shi.

253 - 2

My son is now a toddler.
Djali im tani është i vogël.

253 - 3

It is really disgusting.
Është vërtet e neveritshme.

253 - 4

One of my eyes is itchy.
Njëri sy më kruhet.

253 - 5

Blue is your colour!
Blu është ngjyra juaj!

37/52

253 - 6

I am really cold.
Unë jam vërtet i ftohtë.

253 - 7

I forgot my handbag.
Kam harruar çantën time.

Day 253

Week 37

254 - 1

I dried the wet clothes.
I thava rrobat e lagura.

254 - 2

Absolutely.
Absolutisht.

254 - 3

How do you go to office?
Si shkoni në zyrë?

254 - 4

It's a good deal.
Është një marrëveshje e mirë.

254 - 5

What time is my flight?
Në çfarë ore është fluturimi im?

37/52

254 - 6

He was overtaking.
Ai po parakalonte.

254 - 7

Does she behold me?
A më sheh ajo mua?

Day 254

Week 37

255 - 1

He gulped down water.
Ai gëlltiti ujë.

255 - 2

Do not stare at people.
Mos i shikoni njerëzit.

255 - 3

Show your solutions.
Tregoni zgjidhjet tuaja.

255 - 4

We've run out of time.
Na ka mbaruar koha.

255 - 5

I am so sorry.
Më vjen shumë keq.

37/52

255 - 6

He ate rice in a bowl.
Ai hëngri oriz në një tas.

255 - 7

Who will help you?
Kush do t'ju ndihmojë?

Day 255

Week 37

256 - 1

A kilo of fish.
Një kilogram peshk.

256 - 2

He is my elder brother.
Ai është vëllai im i madh.

256 - 3

What's up?
Ckemi?

256 - 4

My trousers got dirty.
Më janë ndotur pantallonat.

256 - 5

It's sorching hoait.
Eshte e trishtuar.

37/52

256 - 6

What date is today?
Cila është data sot?

256 - 7

I lost my key today.
Kam humbur çelësin tim sot.

Day 256

Week 37

257 - 1

My nose is stuffed up.
Mua më është mbushur hunda.

257 - 2

This road is bumpy.
Kjo rrugë është me gunga.

257 - 3

Poor you.
I gjori ti.

257 - 4

Hide it up somewhere.
Fshihe diku.

257 - 5

How can I help you?
Si mund t'ju ndihmoj?

37/52

257 - 6

She writes left-handed.
Ajo shkruan me dorën e majtë.

257 - 7

I didn't do it.
Nuk e bëra.

Day 257

Week 37

258 - 1

He has six children.
Ai ka gjashtë fëmijë.

258 - 2

Did you listen to me?
A më dëgjove?

258 - 3

This cup is plastic.
Kjo kupë është plastike.

258 - 4

His grades are not bad.
Notat e tij nuk janë të këqija.

258 - 5

Please, come in.
Ju lutem hyni.

37/52

258 - 6

Give it to them.
Jepini atyre.

258 - 7

I feel nauseous.
Ndihem i përzier.

Day 258

Test 37

259 - 1

I am really cold.

259 - 2

What time is my flight?

259 - 3

We've run out of time.

259 - 4

What's up?

259 - 5

This road is bumpy.

37/52

259 - 6

He has six children.

259 - 7

I feel nauseous.

Day 259

Week 38

260 - 1

You're bleeding.
Ju rrjedh gjak.

260 - 2

What time does it start?
Ne cfare ore fillon?

260 - 3

Go and get dressed.
Shkoni dhe vishuni.

260 - 4

I am friendly person.
Unë jam person miqësor.

260 - 5

Your hair is still wet.
Flokët e tu janë ende të lagur.

38/52

260 - 6

Excuse me.
Më falni.

260 - 7

There's a book here.
Këtu është një libër.

Day 260

Week 38

261 - 1

He is my grandfather.
Ai është gjyshi im.

261 - 2

My foot went numb.
Këmba më mpihej.

261 - 3

They often play tennis.
Ata shpesh luajnë tenis.

261 - 4

Where is the hospital?
Ku eshte spitali?

261 - 5

She is nearsighted.
Ajo është miope.

38/52

261 - 6

I don't know yet.
Nuk e di ende.

261 - 7

What did you say?
cfare the?

Day 261

Week 38

262 - 1

Why did you call him?
Pse e thirre?

262 - 2

I didn't know that song.
Nuk e dija atë këngë.

262 - 3

Thanks a lot.
Faleminderit shume.

262 - 4

What a pity.
Sa keq.

262 - 5

Where are the shops?
Ku janë dyqanet?

38/52

262 - 6

I dyed my hair red.
I lyeja flokët me të kuqe.

262 - 7

Let's go by bus.
Le të shkojmë me autobus.

Day 262

Week 38

263 - 1

He is very smart.
Ai është shumë i zgjuar.

263 - 2

I have little money.
Unë kam pak para.

263 - 3

Why do you suspect me?
Pse dyshoni për mua?

263 - 4

I keep my promise.
Unë mbaj premtimin tim.

263 - 5

Did he come?
A erdhi ai?

38/52

263 - 6

It's too tight for me.
Është shumë e ngushtë për mua.

263 - 7

What a beautiful house!
Sa shtëpi e bukur!

Day 263

Week 38

264 - 1

How long will you wait?
Sa kohë do të prisni?

264 - 2

Call an ambulance.
Thirrni një ambulancë.

264 - 3

Is he your relative?
A është ai i afërmi juaj?

264 - 4

Ask him to call me.
Kërkoji të më telefonojë.

264 - 5

Please press the button.
Ju lutem shtypni butonin.

38/52

264 - 6

Don't disturb me.
Mos më shqetëso.

264 - 7

I hope they will win.
Shpresoj se do të fitojnë.

Day 264

Week 38

265 - 1

Do like your job?
Të pëlqen puna jote?

265 - 2

You look pale.
Dukesh i zbehtë.

265 - 3

I am an Engineer.
Unë jam një inxhinier.

265 - 4

Ask him not to go there.
Kërkojini atij të mos shkojë atje.

265 - 5

Next, you.
Tjetra, ju.

38/52

265 - 6

I'm sorry I'm late.
Më vjen keq që jam vonë.

265 - 7

You were almost right.
Kishit pothuajse të drejtë.

Day 265

Test 38

266 - 1

Excuse me.

266 - 2

She is nearsighted.

266 - 3

What a pity.

266 - 4

Why do you suspect me?

266 - 5

Call an ambulance.

38/52

266 - 6

Do like your job?

266 - 7

You were almost right.

Day 266

Week 39

267 - 1

I looked up at the sky.
Shikova lart në qiell.

267 - 2

A table for two?
Një tavolinë për dy?

267 - 3

Please calm down.
Te lutem qetesohu.

267 - 4

No, not at all.
Jo, aspak.

267 - 5

That's OK.
Eshte ne rregull.

39/52

267 - 6

I hate the dentist.
E urrej dentistin.

267 - 7

Don't do such a thing.
Mos e bëni një gjë të tillë.

Day 267

Week 39

268 - 1

His teeth are white.
Dhëmbët e tij janë të bardhë.

268 - 2

How do I?
Si mund të?

268 - 3

Why is he dull?
Pse është i mërzitshëm?

268 - 4

Why did you beat him?
Pse e rrahu?

268 - 5

It's good to see you.
Është mirë që të shoh.

268 - 6

39/52

Was I appointed?
A u emërova?

268 - 7

Kiss me, my darling.
Më puth, e dashura ime.

Day 268

Week 39

269 - 1

Did anybody come?
Erdhi njeri?

269 - 2

Where is the exit?
Ku është dalja?

269 - 3

Is she cutting a tree?
A është ajo duke prerë një pemë?

269 - 4

I have no change.
Nuk kam asnjë ndryshim.

269 - 5

I understand.
e kuptoj.

39/52

269 - 6

The bath was lukewarm.
Banja ishte e vakët.

269 - 7

This is my husband.
Ky është burri im.

Day 269

Week 39

270 - 1

Help! Shark attack!
Ndihmë! Sulm peshkaqen!

270 - 2

She's a romantic person.
Ajo është një person romantik.

270 - 3

I took on a new job.
Mora një punë të re.

270 - 4

It looks great!
Ajo duket e madhe!

270 - 5

I am fine and you?
Unë jam mirë dhe ju?

270 - 6

39/52

Where do you work out?
Ku punoni?

270 - 7

Good luck to you.
Paç fat.

Day 270

Week 39

271 - 1

Read your books quietly.
Lexoni librat tuaj në heshtje.

271 - 2

Thank you.
Faleminderit.

271 - 3

Where is the pilot?
Ku është piloti?

271 - 4

I have no choice.
Nuk kam zgjidhje.

271 - 5

Let's ask Mom.
Le të pyesim mamin.

39/52

271 - 6

Here is my passport.
Këtu është pasaporta ime.

271 - 7

My room is small.
Dhoma ime është e vogël.

Day 271

Week 39

272 - 1

Wait for sometime.
Prisni për një kohë.

272 - 2

The ship sank.
Anija u mbyt.

272 - 3

I'll join you.
Unë do të bashkohem me ju.

272 - 4

You can go home.
Mund të shkoni në shtëpi.

272 - 5

James is my husband.
James është burri im.

272 - 6

39/52

See you later.
Shihemi me vone.

272 - 7

When will he be back?
Kur do të kthehet?

Day 272

Test 39

273 - 1

I hate the dentist.

273 - 2

It's good to see you.

273 - 3

I have no change.

273 - 4

I took on a new job.

273 - 5

Thank you.

39/52

273 - 6

Wait for sometime.

273 - 7

When will he be back?

Day 273

Week 40

274 - 1

How did you reach there?
Si arritët atje?

274 - 2

Don't deceive people.
Mos i mashtroni njerëzit.

274 - 3

Please go in front.
Ju lutem shkoni përpara.

274 - 4

He stood on stage.
Ai qëndroi në skenë.

274 - 5

Can I borrow a pen?
A mund të huazoj një stilolaps?

274 - 6

40/52

Save for a rainy day.
Kurseni për një ditë me shi.

274 - 7

My back itches.
Më kruhet shpina.

Day 274

Week 40

275 - 1

I love summer.
Une e dua verën.

275 - 2

Did you pass the exam?
E keni kaluar provimin?

275 - 3

Where's the library?
Ku është biblioteka?

275 - 4

How do I go about?
Si të shkoj?

275 - 5

Good morning.
Miremengjes.

40/52

275 - 6

How did he come?
Si erdhi ai?

275 - 7

She has a lot of dolls.
Ajo ka shumë kukulla.

Day 275

Week 40

276 - 1

Your skirt is rumpled.
Fundi juaj është i rrudhur.

276 - 2

A pack of vitamins.
Një paketë me vitamina.

276 - 3

I know that.
Unë e di atë.

276 - 4

I'm really sorry.
Me vjen keq.

276 - 5

Ok, I'll take this one.
Ok, do ta marr këtë.

276 - 6

40/52

Never mind.
Mos u mërzit.

276 - 7

May I use your computer?
A mund të përdor kompjuterin tuaj?

Day 276

Week 40

277 - 1

I work in a factory.
Unë punoj në një fabrikë.

277 - 2

We can't do it here.
Nuk mund ta bëjmë këtu.

277 - 3

The child woke up.
Fëmija u zgjua.

277 - 4

It's ten past eleven.
Ora është njëmbëdhjetë e dhjetë.

277 - 5

I am terrified.
jam i tmerruar.

40/52

277 - 6

I live on my own.
Unë jetoj vetëm.

277 - 7

Stop making excuses.
Mos bëni justifikime.

Day 277

Week 40

278 - 1

His crime is serious.
Krimi i tij është i rëndë.

278 - 2

Where have you been?
Ku ke qene?

278 - 3

This soup is very hot.
Kjo supë është shumë e nxehtë.

278 - 4

I'm good at science.
Unë jam i mirë në shkencë.

278 - 5

He's already gone home.
Ai tashmë ka shkuar në shtëpi.

278 - 6

It's your decision.
Është vendimi juaj.

40/52

278 - 7

The dog bit my hand.
Qeni më kafshoi dorën.

Day 278

Week 40

279 - 1

She helped a sick dog.
Ajo ndihmoi një qen të sëmurë.

279 - 2

I need car insurance.
Unë kam nevojë për sigurimin e makinës.

279 - 3

A stick of butter.
Një shkop gjalpë.

279 - 4

This bra is too small.
Ky sytjena është shumë i vogël.

279 - 5

The rear seat is empty.
Selia e pasme është bosh.

279 - 6

40/52

What station is it?
Cili stacion është?

279 - 7

Who called you?
Kush ju thirri?

Day 279

Test 40

280 - 1

Save for a rainy day.

280 - 2

Good morning.

280 - 3

I'm really sorry.

280 - 4

The child woke up.

280 - 5

Where have you been?

280 - 6

She helped a sick dog.

280 - 7

Who called you?

Day 280

Week 41

281 - 1

I study philosophy.
Unë studioj filozofi.

281 - 2

Good night.
Naten e mire.

281 - 3

Do you think so?
A mendoni kështu?

281 - 4

He clenched his fists.
Ai shtrëngoi grushtat.

281 - 5

Are you married?
A jeni i martuar?

281 - 6

41/52

How deep is the pool?
Sa e thellë është pishina?

281 - 7

Well done.
Te lumte.

Day 281

Week 41

282 - 1

It's your fault.
Është faji yt.

282 - 2

We are six persons.
Ne jemi gjashtë persona.

282 - 3

There's a bird flying.
Ka një zog që fluturon.

282 - 4

I rarely watch TV.
Unë rrallë shikoj TV.

282 - 5

That's a nuisance.
Kjo është një bezdi.

282 - 6

Please open to page 32.
Ju lutemi hapeni në faqen 32.

41/52

282 - 7

I totally disagree.
Nuk jam plotësisht dakord.

Day 282

Week 41

283 - 1

Just stay there.
Vetëm qëndroni atje.

283 - 2

I am sorry to hear that.
Më vjen keq që e dëgjoj këtë.

283 - 3

We got on the ship.
Ne hipëm në anije.

283 - 4

He majors in physics.
Ai është i diplomuar në fizikë.

283 - 5

I'm thirty.
Unë jam tridhjetë.

41/52

283 - 6

My son is left-handed.
Djali im është mëngjarash.

283 - 7

Who do you live with?
Me ke jeton?

Day 283

Week 41

284 - 1

I sat in a window seat.
U ula në një ndenjëse në dritare.

284 - 2

She is my elder sister.
Ajo është motra ime e madhe.

284 - 3

What do you think?
Çfarë mendoni ju?

284 - 4

She's studying drama.
Ajo studion për dramë.

284 - 5

Actually, I like her.
Në fakt, më pëlqen ajo.

284 - 6

Don't talk to me.
Mos fol me mua.

41/52

284 - 7

That's fine.
Kjo është mirë.

Day 284

Week 41

285 - 1

I go by train.
Unë shkoj me tren.

285 - 2

I'm absolutely sure.
Unë jam absolutisht i sigurt.

285 - 3

We have an emergency.
Kemi një urgjencë.

285 - 4

Can anyone hear me?
A mund të më dëgjojë dikush?

285 - 5

My card has been stolen.
Karta ime është vjedhur.

285 - 6

41/52

I will call you later.
Unë do t'ju telefonoj më vonë.

285 - 7

I'm not good at math.
Unë nuk jam i mirë në matematikë.

Day 285

Week 41

286 - 1

Please sit there.
Ju lutem ulu aty.

286 - 2

It's been so cold.
Ka qenë shumë ftohtë.

286 - 3

There's a sample here.
Këtu është një mostër.

286 - 4

Best regards.
Përshëndetjet më të mira.

286 - 5

A new year has started.
Një vit i ri ka filluar.

286 - 6

Put on your boots!
Vishni çizmet tuaja!

41/52

286 - 7

Do you sell swimsuits?
Shisni rroba banje?

Day 286

Test 41

287 - 1

How deep is the pool?

287 - 2

That's a nuisance.

287 - 3

He majors in physics.

287 - 4

What do you think?

287 - 5

I'm absolutely sure.

287 - 6

41/52

Please sit there.

287 - 7

Do you sell swimsuits?

Day 287

Week 42

288 - 1

Insert card here.
Fut kartën këtu.

288 - 2

I will call for help.
Unë do të bëj thirrje për ndihmë.

288 - 3

My luggage is lost.
Bagazhi im ka humbur.

288 - 4

It's nice out today.
Është bukur jashtë sot.

288 - 5

He apologized at once.
Ai kërkoi falje menjëherë.

288 - 6

I don't watch much TV.
Unë nuk shikoj shumë TV.

42/52

288 - 7

You look very handsome.
Dukesh shume bukur.

Day 288

Week 42

289 - 1

Does the bomb blast?
A shpërthen bomba?

289 - 2

Why do you worry?
Pse shqetësoheni?

289 - 3

Are you on time?
A jeni në kohë?

289 - 4

It's 6 A.M now.
Tani është 6 e mëngjesit.

289 - 5

He is my neighbour.
Ai është fqinji im.

42/52

289 - 6

No big deal.
Asnjë punë e madhe.

289 - 7

We played a video game.
Ne luajtëm një videolojë.

Day 289

Week 42

290 - 1

Call the nurse.
Thirrni infermieren.

290 - 2

There are seven bananas.
Janë shtatë banane.

290 - 3

I have no objection.
Unë nuk kam asnjë kundërshtim.

290 - 4

Did you type the letter?
E shkruat letrën?

290 - 5

I heard a gunshot.
Dëgjova një të shtënë.

290 - 6

We studied democracy.
Ne kemi studiuar demokracinë.

42/52

290 - 7

She saved a sick dog.
Ajo shpëtoi një qen të sëmurë.

Day 290

Week 42

291 - 1

Sure, I'd be glad to.
Sigurisht, do të isha i lumtur.

291 - 2

Is everything alright?
A është gjithçka në rregull?

291 - 3

It tastes good!
Ka shije të mirë!

291 - 4

It's very gaudy.
Është shumë e guximshme.

291 - 5

This is a secret.
Ky është një sekret.

291 - 6

Don't ask me anything.
Mos me pyet asgje.

291 - 7

Could you repeat?
A mund të përsërisni?

Day 291

Week 42

292 - 1

She's very honest.
Ajo është shumë e sinqertë.

292 - 2

He is a dentist.
Ai është dentist.

292 - 3

I'm physically strong.
Unë jam i fortë fizikisht.

292 - 4

Have a nice day!
Ditë të mbarë!

292 - 5

I hate cigarettes.
I urrej cigaret.

292 - 6

I believe you.
Te besoj.

42/52

292 - 7

He lost his girlfriend.
Ai humbi të dashurën e tij.

Day 292

Week 42

293 - 1

A roll of tissue.
Një rrotull indi.

293 - 2

Your tickets, please.
Biletat tuaja, ju lutem.

293 - 3

My shoes got dirty.
Këpucët e mia u ndotën.

293 - 4

The steak here is OK.
Bifteku këtu është në rregull.

293 - 5

Sorry I am late.
Me fal jam me vonese.

42/52

293 - 6

He said in a low voice.
Tha me zë të ulët.

293 - 7

Many happy returns.
Shumë kthime të lumtura.

Day 293

Test 42

294 - 1

I don't watch much TV.

294 - 2

He is my neighbour.

294 - 3

Did you type the letter?

294 - 4

It tastes good!

294 - 5

He is a dentist.

294 - 6

A roll of tissue.

42/52

294 - 7

Many happy returns.

Day 294

Week 43

295 - 1

My teeth are strong.
Dhëmbët e mi janë të fortë.

295 - 2

Does the water boil?
A vlon uji?

295 - 3

Fasten your seat belt.
Vendos rripin e sigurimit tend.

295 - 4

Yes, you can.
Po ti mundesh.

295 - 5

Have a safe flight!
Keni një fluturim të sigurt!

295 - 6

He took a deep breath.
Mori frymë thellë.

43/52

295 - 7

My mother's a nurse.
Nëna ime është infermiere.

Day 295

Week 43

296 - 1

It's a fair way away.
Është një rrugë e drejtë larg.

296 - 2

I read your book.
Kam lexuar librin tuaj.

296 - 3

Can you hear me?
Mund te me degjosh?

296 - 4

Dry your hair well.
Thani flokët mirë.

296 - 5

I feel hungry.
Ndihem i uritur.

296 - 6

Which is the sauce?
Cila është salca?

43/52

296 - 7

I can't afford it.
Unë nuk mund ta përballoj atë.

Day 296

Week 43

297 - 1

I eat bread every day.
Unë ha bukë çdo ditë.

297 - 2

I like bitter coffee.
Më pëlqen kafeja e hidhur.

297 - 3

Do not wet clean.
Mos pastroni me lagështi.

297 - 4

This work is hard.
Kjo punë është e vështirë.

297 - 5

The steak looks rare.
Bifteku duket i rrallë.

297 - 6

The bill, please.
Faturën të lutem.

43/52

297 - 7

Sorry to say that.
Na vjen keq ta them këtë.

Day 297

Week 43

298 - 1

I just love summer.
Unë thjesht e dua verën.

298 - 2

I don't have time.
Unë nuk kam kohë.

298 - 3

He is a lucky man.
Ai është një njeri me fat.

298 - 4

I can do it.
Mund ta bej.

298 - 5

My grandfather got sick.
Gjyshi im u sëmur.

298 - 6

My bike got a flat tire.
Biçikletës sime i ka dalë një gomë.

43/52

298 - 7

Get lost.
Humbu.

Day 298

Week 43

299 - 1

He came by bus.
Ai erdhi me autobus.

299 - 2

How is he doing?
si është ai?

299 - 3

Please take me along.
Të lutem më merr me vete.

299 - 4

I belong to New York.
Unë i përkas Nju Jorkut.

299 - 5

She ironed the shirt.
Ajo hekurosi këmishën.

299 - 6

I am a teacher.
Unë jam një mësues.

43/52

299 - 7

Read it out loud.
Lexojeni me zë të lartë.

Day 299

Week 43

300 - 1

She is my wife.
Ajo është gruaja ime.

300 - 2

Sorry. You can't.
Na vjen keq. Nuk mundesh.

300 - 3

I don't like crowds.
Nuk më pëlqejnë turmat.

300 - 4

Please do.
Ju lutem bëni.

300 - 5

How was your day?
Si ishte dita juaj?

300 - 6

Who are your bankers?
Kush janë bankierët tuaj?

43/52

300 - 7

I miss you.
Më mungon.

Day 300

Test 43

301 - 1

He took a deep breath.

301 - 2

I feel hungry.

301 - 3

This work is hard.

301 - 4

He is a lucky man.

301 - 5

How is he doing?

301 - 6

She is my wife.

43/52

301 - 7

I miss you.

Day 301

Week 44

302 - 1

She likes tall men.
Ajo i pëlqejnë meshkujt e gjatë.

302 - 2

You're special to me.
Ti je e veçantë për mua.

302 - 3

She's tall.
Ajo është e gjatë.

302 - 4

She's very pretty.
Ajo është shumë e bukur.

302 - 5

I feel tired.
Une ndihem i lodhur.

302 - 6

We drank premium wine.
Kemi pirë verë premium.

44/52

302 - 7

The train door opened.
Dera e trenit u hap.

Day 302

Week 44

303 - 1

He often watches movies.
Ai shpesh shikon filma.

303 - 2

He's a famous singer.
Ai është një këngëtar i njohur.

303 - 3

I need a lot of money.
Unë kam nevojë për shumë para.

303 - 4

I want to be a doctor.
Dua të bëhem nje doktor.

303 - 5

Did he say anything?
A tha gjë?

303 - 6

I banged on the door.
I rashë derës.

44/52

303 - 7

Are they from abroad?
Janë nga jashtë?

Day 303

Week 44

304 - 1

How is this cooked?
Si gatuhet kjo?

304 - 2

What have you decided?
Çfarë keni vendosur?

304 - 3

Hello! Do come in!
Përshëndetje! Hyni brenda!

304 - 4

Let's go over there.
Le të shkojmë atje.

304 - 5

She was born in Paris.
Ajo ka lindur në Paris.

304 - 6

I'm glad you like it.
me vjen mire qe te pelqen.

44/52

304 - 7

It's raining.
Po bie shi.

Day 304

Week 44

305 - 1

The deadline is near.
Afati është afër.

305 - 2

I am retired.
Unë jam në pension.

305 - 3

Stop talking, please.
Ndaloni së foluri, ju lutem.

305 - 4

A sheet of pastry.
Një fletë pastë.

305 - 5

Where is his residence?
Ku është vendbanimi i tij?

305 - 6

Please open the door.
Ju lutemi hapni derën.

44/52

305 - 7

She's always smiling.
Ajo është gjithmonë e buzëqeshur.

Day 305

Week 44

306 - 1

My head is spinning.
Koka ime po rrotullohet.

306 - 2

Is there a bank here?
A ka një bankë këtu?

306 - 3

Put on these pajamas.
Vishni këto pizhame.

306 - 4

The team was weak.
Skuadra ishte e dobët.

306 - 5

It's nice to meet you.
Kënaqësi që të takoj.

306 - 6

He used to be poor.
Ai ka qenë i varfër.

44/52

306 - 7

My aunt lives in Madrid.
Tezja ime jeton në Madrid.

Day 306

Week 44

307 - 1

Who knows the answer?
Kush e di përgjigjen?

307 - 2

Drink your coffee.
Pini kafen tuaj.

307 - 3

This is a shortcut.
Kjo është një shkurtore.

307 - 4

I have college today.
Unë kam kolegj sot.

307 - 5

I feel shy.
Ndihem i turpshëm.

307 - 6

A slice of pizza.
Një copë pica.

44/52

307 - 7

I jog every day.
Unë vrapoj çdo ditë.

Day 307

Test 44

308 - 1

We drank premium wine.

308 - 2

Did he say anything?

308 - 3

Let's go over there.

308 - 4

Stop talking, please.

308 - 5

Is there a bank here?

308 - 6

Who knows the answer?

44/52

308 - 7

I jog every day.

Day 308

Week 45

309 - 1

Call the police.
Thirrni policinë.

309 - 2

No parking.
Nuk ka Parking.

309 - 3

I'm going to undress.
Unë do të zhvishem.

309 - 4

What do you want?
cfare deshironi?

309 - 5

He was sent to England.
Ai u dërgua në Angli.

309 - 6

Is she calling you?
A ju thërret ajo?

45/52

309 - 7

He's very expressive.
Ai është shumë ekspresiv.

Day 309

Week 45

310 - 1

Everyone has flaws.
Të gjithë kanë të meta.

310 - 2

Take a look around.
Shiko perreth.

310 - 3

Please imitate my move.
Ju lutem imitoni lëvizjen time.

310 - 4

Please speak slowly.
Ju lutem flisni ngadalë.

310 - 5

It's time to leave.
Është koha për t'u larguar.

310 - 6

Ask him directly.
Pyete atë drejtpërdrejt.

45/52

310 - 7

He doesn't have time.
Ai nuk ka kohë.

Day 310

Week 45

311 - 1

This flower smells good.
Kjo lule ka erë të mirë.

311 - 2

I feel very depressed.
Ndihem shumë i dëshpëruar.

311 - 3

Do you have a fever?
A keni temperaturë?

311 - 4

She's a quiet person.
Ajo është një person i qetë.

311 - 5

He's off-guard.
Ai është i pakujdesshëm.

311 - 6

My father drives safely.
Babai im drejton makinën i sigurt.

45/52

311 - 7

I was the one to blame.
Unë isha fajtori.

Week 45

312 - 1

I've been attacked.
Unë jam sulmuar.

312 - 2

I need to earn money.
Më duhet të fitoj para.

312 - 3

Hybrid vehicles only.
Vetëm automjete hibride.

312 - 4

It's very cheap.
Është shumë i lirë.

312 - 5

Swallows are flying.
Dallëndyshet po fluturojnë.

312 - 6

How are you doing?
Si po ja kalon?

45/52

312 - 7

Oh no, what a shame.
Oh jo, sa turp.

Day 312

Week 45

313 - 1

I uncorked the wine.
Unë hapa verën.

313 - 2

I don't care.
Nuk më intereson.

313 - 3

Can you show me how to?
A mund të më tregoni se si?

313 - 4

Who's calling, please?
Kush po thërret, ju lutem?

313 - 5

It's worth the price.
Ia vlen çmimi.

313 - 6

No one knows that story.
Askush nuk e di atë histori.

45/52

313 - 7

Do not drink.
Nuk pij.

Day 313

Week 45

314 - 1

He is an unlikable man.
Ai është një njeri i papëlqyeshëm.

314 - 2

It looks delicious.
Duket e shijshme.

314 - 3

Thunder is rumbling.
Bubullima po gjëmon.

314 - 4

Did I ask you?
Të pyeta?

314 - 5

Sorry, it's my fault.
Më falni, është faji im.

314 - 6

Is he breathing?
A po merr frymë?

45/52

314 - 7

How are you feeling?
Si po ndihesh?

Day 314

Test 45

315 - 1

Is she calling you?

315 - 2

It's time to leave.

315 - 3

She's a quiet person.

315 - 4

Hybrid vehicles only.

315 - 5

I don't care.

315 - 6

He is an unlikable man.

45/52

315 - 7

How are you feeling?

Day 315

Week 46

316 - 1

Take care of yourself.
Kujdesu për veten.

316 - 2

It's hot outside.
Jashtë është vapë.

316 - 3

Please give me that one.
Ju lutem ma jepni atë.

316 - 4

He should exercise more.
Ai duhet të ushtrojë më shumë.

316 - 5

I saw his album.
Unë pashë albumin e tij.

316 - 6

She's feminine.
Ajo është femërore.

46/52

316 - 7

My soup is cold.
Supa ime është e ftohtë.

Day 316

Week 46

317 - 1

He is a radiographer.
Ai është radiograf.

317 - 2

She has fat legs.
Ajo ka këmbë të majme.

317 - 3

Do you avoid me?
Më shmangesh?

317 - 4

Please boil some water.
Ju lutemi zieni pak ujë.

317 - 5

He is not a bad person.
Ai nuk është një person i keq.

317 - 6

He is ten years old.
Ai është dhjetë vjeç.

46/52

317 - 7

I love lobsters.
Unë dua karavidhe.

Day 317

Week 46

318 - 1

Sincerely thanks.
Sinqerisht faleminderit.

318 - 2

He loves himself.
Ai e do veten.

318 - 3

Are you employed?
Jeni i punesuar?

318 - 4

I like this show.
Më pëlqen kjo shfaqje.

318 - 5

We sang loudly.
Kënduam me zë të lartë.

318 - 6

How do you manage?
Si ja dilni?

46/52

318 - 7

He studies medicine.
Ai studion mjekësi.

Day 318

Week 46

319 - 1

Don't act recklessly.
Mos veproni në mënyrë të pamatur.

319 - 2

It's too late now.
Tani është shumë vonë.

319 - 3

Is the story real?
A është historia e vërtetë?

319 - 4

Don't move!
Mos lëviz!

319 - 5

I'd love to, thanks.
Do të doja, faleminderit.

319 - 6

When did he come?
Kur erdhi ai?

46/52

319 - 7

The diamond glittered.
Diamanti shkëlqeu.

Day 319

Week 46

320 - 1

What time does it end?
Në çfarë ore përfundon?

320 - 2

He's a fine man.
Ai është një njeri i mirë.

320 - 3

I can't get out.
Nuk mund të dal.

320 - 4

His father is a teacher.
Babai i tij është mësues.

320 - 5

She glared at me.
Ajo më vështroi me shikim.

320 - 6

I have no office today.
Nuk kam asnjë zyrë sot.

46/52

320 - 7

Does the sun appear?
A shfaqet dielli?

Day 320

Week 46

321 - 1

Meet them in person.
Takoni ata personalisht.

321 - 2

Please do not litter.
Ju lutemi mos hidhni mbeturina.

321 - 3

How old is your son?
Sa vjeç është djali juaj?

321 - 4

I was locked up.
Isha i mbyllur.

321 - 5

I'm studying Japanese.
Unë jam duke studiuar japonisht.

321 - 6

I am a nurse.
Jam një infermiere.

46/52

321 - 7

I love stopovers.
Më pëlqejnë ndalesat.

Day 321

Test 46

322 - 1

She's feminine.

322 - 2

He is not a bad person.

322 - 3

I like this show.

322 - 4

Is the story real?

322 - 5

He's a fine man.

322 - 6

Meet them in person.

46/52

322 - 7

I love stopovers.

Day 322

Week 47

323 - 1

Meet me tomorrow.
Më takoni nesër.

323 - 2

Do you work on Sundays?
A punoni të dielave?

323 - 3

Please come at once.
Ju lutemi ejani menjëherë.

323 - 4

He's changed a lot.
Ai ka ndryshuar shumë.

323 - 5

My watch is slow.
Ora ime është e ngadaltë.

323 - 6

Is he running?
A po vrapon?

47/52

323 - 7

Who do you go with?
Me kë shkon?

Day 323

Week 47

324 - 1

Yes. Certainly.
Po. Sigurisht.

324 - 2

Too bad.
Shume keq.

324 - 3

I'm feeling better.
Po ndihem më mirë.

324 - 4

Sunglasses suit him.
Atij i shkojnë syze dielli.

324 - 5

Please ask someone.
Ju lutem pyesni dikë.

324 - 6

No homework for today.
Asnjë detyrë shtëpie për sot.

47/52

324 - 7

They are engaged.
Ata janë të fejuar.

Day 324

Week 47

325 - 1

Is this seat taken?
Është i zënë ky vend?

325 - 2

What is wrong with you?
Çfarë nuk shkon me ju?

325 - 3

I met her downtown.
E takova në qendër të qytetit.

325 - 4

Birds flew southward.
Zogjtë fluturuan drejt jugut.

325 - 5

And I am good at it.
Dhe unë jam i mirë në të.

325 - 6

He executed the plan.
Ai e zbatoi planin.

47/52

325 - 7

I like wine.
Më pëlqen vera.

Day 325

Week 47

326 - 1

My mother sighed.
Nëna ime psherëtiu.

326 - 2

Can I leave my bag here?
A mund ta lë çantën time këtu?

326 - 3

Today is a holiday.
Sot është festë.

326 - 4

How is the movie?
si eshte filmi?

326 - 5

Is it good for me?
A është mirë për mua?

326 - 6

She has thick eyebrows.
Ajo ka vetulla të trasha.

326 - 7

47/52

It's for a present.
Është për një dhuratë.

Day 326

Week 47

327 - 1

It's too expensive.
Eshte shume e shtrenjte.

327 - 2

I'm sure about it.
Unë jam i sigurt për këtë.

327 - 3

I am sorry.
Me vjen keq.

327 - 4

Whose book is this?
Libri i kujt është ky?

327 - 5

What do you mean?
Çfarë do të thuash?

327 - 6

It's a pleasant morning.
Është një mëngjes i këndshëm.

47/52

327 - 7

Let's order first.
Le të porosisim së pari.

Day 327

Week 47

328 - 1

Time passes quickly.
Koha kalon shpejt.

328 - 2

He suddenly disappeared.
Ai u zhduk papritur.

328 - 3

Open for residents.
E hapur për banorët.

328 - 4

First day of school.
Dita e pare e shkolles.

328 - 5

Solve the equation.
Zgjidhe ekuacionin.

328 - 6

Have a safe trip back.
Udhëtim të sigurt në kthim.

328 - 7

47/52

That's wonderful.
Është e mrekullueshme.

Day 328

Test 47

329 - 1

Is he running?

329 - 2

Please ask someone.

329 - 3

Birds flew southward.

329 - 4

Today is a holiday.

329 - 5

I'm sure about it.

329 - 6

Time passes quickly.

47/52

329 - 7

That's wonderful.

Day 329

Week 48

330 - 1

His story was funny.
Historia e tij ishte qesharake.

330 - 2

No entry for bicycles.
Nuk ka hyrje për biçikleta.

330 - 3

I'm very sorry.
Me vjen shume keq.

330 - 4

Shall we start?
Të fillojmë?

330 - 5

Hold the line, please.
Mbaj linjën, të lutem.

330 - 6

He came here yesterday.
Ai erdhi këtu dje.

330 - 7

48/52

She left a message.
Ajo la një mesazh.

Day 330

Week 48

331 - 1

The exam was difficult.
Provimi ishte i vështirë.

331 - 2

He's growing a beard.
Ai ka një mjekër.

331 - 3

You're kidding.
Po tallesh.

331 - 4

Will you be my friend?
A do të bëhesh miku im?

331 - 5

Do you have a match?
A keni një ndeshje?

331 - 6

Always wash your hands.
Lani gjithmonë duart.

48/52

331 - 7

Why did he come here?
Pse erdhi këtu?

Day 331

Week 48

332 - 1

Do not lose your ticket.
Mos e humbni biletën tuaj.

332 - 2

I work in healthcare.
Unë punoj në shëndetësi.

332 - 3

Our team lost the game.
Skuadra jonë e humbi ndeshjen.

332 - 4

I watered the plant.
Unë ujita bimën.

332 - 5

Does the dog bite?
A kafshon qeni?

332 - 6

Did he award him?
A e shpërbleu?

332 - 7

I am a vegetarian.
Unë jam një vegjetarian.

48/52

Day 332

Week 48

333 - 1

It's stifling hot.
Është mbytës nxehtë.

333 - 2

Is he paying the fee?
A e paguan tarifën?

333 - 3

Don't eat too much.
Mos hani shumë.

333 - 4

She has good manners.
Ajo ka sjellje të mira.

333 - 5

Can I open the windows?
A mund të hap dritaret?

333 - 6

When is she coming?
Kur vjen ajo?

48/52

333 - 7

Please take notes.
Ju lutemi mbani shënime.

Day 333

Week 48

334 - 1

She is a youth icon.
Ajo është një ikonë e të rinjve.

334 - 2

The sun is glaring.
Dielli po shndrit.

334 - 3

My friend got divorced.
Shoku im u divorcua.

334 - 4

No, I did not do it.
Jo, nuk e bëra.

334 - 5

Is she writing a letter?
A po shkruan ajo një letër?

334 - 6

It's midnight.
Është mesnatë.

334 - 7

What's the matter?
Per Cfarë bëhet fjalë?

48/52

Day 334

Week 48

335 - 1

She wore a purple dress.
Ajo kishte veshur një fustan ngjyrë vjollce.

335 - 2

What's wrong?
Çfarë nuk shkon?

335 - 3

He's courageous.
Ai është i guximshëm.

335 - 4

Now I've got to go.
Tani më duhet të shkoj.

335 - 5

He is very sensitive.
Ai është shumë i ndjeshëm.

335 - 6

The rain stopped.
Shiu pushoi.

335 - 7

48/52

What is your dream job?
Cila është puna juaj e ëndrrave?

Day 335

Test 48

He came here yesterday.

Do you have a match?

I watered the plant.

Don't eat too much.

The sun is glaring.

She wore a purple dress.

What is your dream job?

Day 336

Week 49

337 - 1

I've got to go now.
Unë duhet të shkoj tani.

337 - 2

Sure. Thank you.
Sigurisht. Faleminderit.

337 - 3

His business failed.
Biznesi i tij dështoi.

337 - 4

It is a heart attack.
Është një atak në zemër.

337 - 5

The floor is wet.
Dyshemeja është e lagur.

337 - 6

I have my own doubts.
Unë kam dyshimet e mia.

337 - 7

49/52

It's warm.
Është e ngrohtë.

Day 337

Week 49

338 - 1

The scenery is great.
Peizazhi është i mrekullueshëm.

338 - 2

I don't agree.
Unë nuk jam dakord.

338 - 3

Let's go slowly.
Le të shkojmë ngadalë.

338 - 4

Good afternoon.
Mirembrema.

338 - 5

Are you awake?
A je zgjuar?

338 - 6

This door is automatic.
Kjo derë është automatike.

338 - 7

That's what I think too.
Kështu mendoj edhe unë.

49/52

Day 338

Week 49

339 - 1

Please eat.
Ju lutemi hani.

339 - 2

Is he a teacher?
A është ai mësues?

339 - 3

What time do you open?
Në çfarë ore hapeni?

339 - 4

I know how it feels.
E di si ndihet.

339 - 5

You're so sweet.
Ti je shumë i ëmbel.

339 - 6

Clean up your place.
Pastroni vendin tuaj.

49/52

339 - 7

A pinch of salt.
Një majë kripë.

Day 339

Week 49

340 - 1

The brown bag is mine.
Çanta kafe është e imja.

340 - 2

You should read a lot.
Duhet të lexoni shumë.

340 - 3

Please call this number.
Ju lutemi telefononi këtë numër.

340 - 4

Do some yoga.
Bëni pak joga.

340 - 5

He was greatly pleased.
Ai ishte shumë i kënaqur.

340 - 6

I like thin pillows.
Më pëlqejnë jastëkët e hollë.

340 - 7

Oh, that's terrible.
Oh, kjo është e tmerrshme.

49/52

Day 340

Week 49

341 - 1

He's a wonderful man.
Ai është një njeri i mrekullueshëm.

341 - 2

Mind your tongue.
Kini parasysh gjuhën tuaj.

341 - 3

It's twelve thirty.
Është dymbëdhjetë e tridhjetë.

341 - 4

It was nice meeting you.
Ishte bukur që të takova.

341 - 5

I prefer reading books.
Unë preferoj të lexoj libra.

341 - 6

A spoonful of honey.
Një lugë mjaltë.

341 - 7

See you at 8 P.M.
Shihemi në orën 20:00.

49/52

Day 341

Week 49

342 - 1

No jumping.
Asnjë kërcim.

342 - 2

I want to live abroad.
Unë dua të jetoj jashtë vendit.

342 - 3

Does he complain?
A ankohet ai?

342 - 4

It's hot.
Është e nxehtë.

342 - 5

The battery is flat.
Bateria është e sheshtë.

342 - 6

Give me a life vest.
Më jep një jelek shpëtimi.

342 - 7

I like strong tastes.
Më pëlqejnë shijet e forta.

49/52

Day 342

Test 49

343 - 1

I have my own doubts.

343 - 2

Are you awake?

343 - 3

I know how it feels.

343 - 4

Please call this number.

343 - 5

Mind your tongue.

343 - 6

No jumping.

49/52

343 - 7

I like strong tastes.

Day 343

Week 50

344 - 1

Please hurry!
Të lutem nxito!

344 - 2

Friday would be perfect.
E premtja do të ishte perfekte.

344 - 3

I resemble my mother.
Unë i ngjaj nënës sime.

344 - 4

Settle down, please.
Qetësohu, të lutem.

344 - 5

Don't waste my time.
Mos e humb kohën time.

344 - 6

Did you enjoy your meal?
A ju pëlqeu vakti juaj?

344 - 7

My boss gave me his car.
Shefi im më dha makinën e tij.

50/52

Day 344

Week 50

345 - 1

I caught a butterfly.
Kam kapur një flutur.

345 - 2

We took a package tour.
Bëmë një turne me paketë.

345 - 3

Your number please.
Numri juaj ju lutem.

345 - 4

My father loves fishing.
Babai im e do peshkimin.

345 - 5

Happy Holidays!
Gëzuar Festat!

345 - 6

This is a real diamond.
Ky është një diamant i vërtetë.

345 - 7

50/52

This is my sister.
Kjo eshte motra ime.

Day 345

Week 50

346 - 1

I am living in London.
Unë jetoj në Londër.

346 - 2

It's too loose for me.
Është shumë e lirshme për mua.

346 - 3

Where is the station?
Ku është stacioni?

346 - 4

That child is so thin.
Ai fëmijë është kaq i hollë.

346 - 5

How's your day?
Si e kalon ditën?

346 - 6

I am looking for a job.
kerkoj pune.

346 - 7

It's very kind of you.
Është shumë e sjellshme nga ana juaj.

50/52

Day 346

Week 50

347 - 1

Happy Birthday!
Gëzuar ditëlindjen!

347 - 2

Can I help you?
Mund t'ju ndihmoj?

347 - 3

This ball bounces well.
Ky top kërcen mirë.

347 - 4

Will you meet me?
A do të më takoni?

347 - 5

Is there free Wi-Fi?
A ka Wi-Fi falas?

347 - 6

She's a gorgeous woman.
Ajo është një grua e mrekullueshme.

347 - 7

I won't go if it rains.
Unë nuk do të shkoj nëse bie shi.

50/52

Day 347

Week 50

348 - 1

I sealed the letter.
E vulosa letrën.

348 - 2

Here is your change.
Këtu është ndryshimi juaj.

348 - 3

We have to work on it.
Duhet të punojmë për të.

348 - 4

I am doing business.
Unë jam duke bërë biznes.

348 - 5

I work as a doctor.
Unë punoj si mjek.

348 - 6

Get enough sleep.
Flini mjaftueshëm gjumë.

348 - 7

Violence is wrong.
Dhuna është e gabuar.

50/52

Day 348

Week 50

349 - 1

He's acting strange.
Ai sillet çuditshëm.

349 - 2

He didn't work hard.
Ai nuk punoi shumë.

349 - 3

What is he?
Cfare eshte ai?

349 - 4

Who cares.
Kujt i intereson.

349 - 5

I got a new job.
Mora një punë të re.

349 - 6

Just a moment.
Vetëm një çast.

349 - 7

He's learning karate.
Ai po mëson karate.

50/52

Day 349

Test 50

350 - 1

Did you enjoy your meal?

350 - 2

Happy Holidays!

350 - 3

That child is so thin.

350 - 4

This ball bounces well.

350 - 5

Here is your change.

350 - 6

He's acting strange.

350 - 7

He's learning karate.

50/52

Day 350

Week 51

351 - 1

She has big legs.
Ajo ka këmbë të mëdha.

351 - 2

She was operated on.
Ajo u operua.

351 - 3

He works at an embassy.
Ai punon në një ambasadë.

351 - 4

Has anyone seen my bag?
A e ka parë dikush çantën time?

351 - 5

It hurts.
Ajo dhemb.

351 - 6

He's a taxi driver.
Ai është një shofer taksie.

351 - 7

Are you free now?
A jeni i lirë tani?

51/52

Day 351

Week 51

352 - 1

Is she going to Delhi?
A shkon ajo në Delhi?

352 - 2

I will consult my boss.
Unë do të konsultohem me shefin tim.

352 - 3

Let me help you.
Më lejoni të ju ndihmojë.

352 - 4

Is the rumor true?
A është i vërtetë thashethemet?

352 - 5

The flu spread rapidly.
Gripi u përhap me shpejtësi.

352 - 6

She shed tears.
Ajo derdhi lot.

352 - 7

I'm positive.
Unë jam pozitiv.

51/52

Day 352

Week 51

353 - 1

Before you begin.
Perpara se te fillosh.

353 - 2

I go by cycle.
Unë shkoj me cikël.

353 - 3

Where are you working?
Ku jeni duke punuar?

353 - 4

Hi Jack. I'm Sophia.
Përshëndetje Jack. Unë jam Sophia.

353 - 5

It's almost time.
Është pothuajse koha.

353 - 6

Let's meet on Monday.
Le të takohemi të hënën.

353 - 7

May I offer you a drink?
Mund të të ofroj një pije?

51/52

Day 353

Week 51

354 - 1

For how many persons?
Për sa persona?

354 - 2

Good morning, teacher.
Mirëmëngjes mësues.

354 - 3

The dog licked my face.
Qeni më lëpiu fytyrën.

354 - 4

It's been a while.
Ka kaluar pak kohë.

354 - 5

She's a busy person.
Ajo është një person i zënë.

354 - 6

He's a very fun person.
Ai është një person shumë argëtues.

354 - 7

Her baby is cute.
Fëmija i saj është i lezetshëm.

51/52

Day 354

Week 51

355 - 1

Any questions?
Ndonje pyetje?

355 - 2

I'm lending him a book.
Unë po i huazoj një libër.

355 - 3

Coffee is on the house.
Kafja është në shtëpi.

355 - 4

Best wishes.
Urimet më të mira.

355 - 5

He believes in God.
Ai beson në Zot.

355 - 6

I have no other choice.
Nuk kam zgjidhje tjetër.

355 - 7

Does the boy arise?
A lind djali?

51/52

Day 355

Week 51

356 - 1

Slow down.
Ngadalësoni.

356 - 2

I'm a student.
Unë jam një student.

356 - 3

The stew burnt.
Zierja u dogj.

356 - 4

I need health insurance.
Unë kam nevojë për sigurim shëndetësor.

356 - 5

She's a quick learner.
Ajo mëson shpejt.

356 - 6

How is your mother?
Si është nëna juaj?

356 - 7

Yes, I've got one.
Po, unë kam një.

51/52

Day 356

Test 51

357 - 1

He's a taxi driver.

357 - 2

The flu spread rapidly.

357 - 3

Hi Jack. I'm Sophia.

357 - 4

The dog licked my face.

357 - 5

I'm lending him a book.

357 - 6

Slow down.

357 - 7

Yes, I've got one.

51/52

Day 357

Week 52

358 - 1

The water is hard.
Uji është i vështirë.

358 - 2

I don't need a bag.
Nuk kam nevojë për një çantë.

358 - 3

Let's meet again.
Le të takohemi përsëri.

358 - 4

Does he have a pulse?
A ka ai puls?

358 - 5

Who's speaking?
Kush po flet?

358 - 6

He is a national hero.
Ai është një hero kombëtar.

358 - 7

Did you lock the door?
E mbylle derën?

52/52

Day 358

Week 52

359 - 1

I love cats.
I dua macet.

359 - 2

Are you not well?
nuk jeni mire?

359 - 3

He laughed loudly.
Ai qeshi me zë të lartë.

359 - 4

He is very hadworking.
Ai është shumë punëtor.

359 - 5

My car is broken.
Makina ime është e prishur.

359 - 6

It's too long.
Është shumë e gjatë.

359 - 7

I have no money.
Nuk kam para.

52/52

Day 359

Week 52

360 - 1

I have a half-sister.
Unë kam një gjysmë motër.

360 - 2

How about three o'clock?
Po në orën tre?

360 - 3

He has big arms.
Ai ka krahë të mëdhenj.

360 - 4

My wallet was stolen.
Më vodhën portofolin.

360 - 5

Are you ready?
a jeni gati?

360 - 6

Will they come here?
A do të vijnë këtu?

360 - 7

She is not that stupid.
Ajo nuk është aq budallaqe.

52/52

Day 360

Week 52

361 - 1

How is your sister?
Si eshte motra jote?

361 - 2

The house is lovely.
Shtëpia është e bukur.

361 - 3

I'll be online.
Unë do të jem online.

361 - 4

She despised him.
Ajo e përbuzte atë.

361 - 5

The house is roomy.
Shtëpia është e gjerë.

361 - 6

I'm okay. Thank you.
Jam mire. Faleminderit.

361 - 7

He's a loser.
Ai është një humbës.

52/52

Day 361

Week 52

362 - 1

The cake is too sweet.
Torta është shumë e ëmbël.

362 - 2

I can help you.
Unë mund t'ju ndihmoj.

362 - 3

What is your dress size?
Cila është madhësia e veshjes tuaj?

362 - 4

When can I talk to you?
Kur mund të flas me ju?

362 - 5

He's a serious student.
Ai është një student serioz.

362 - 6

He dared to face danger.
Ai guxoi të përballej me rrezikun.

362 - 7

He speaks clearly.
Ai flet qartë.

52/52

Day 362

Week 52

363 - 1

No cheating, please.
Jo mashtrim, ju lutem.

363 - 2

Our cat is a male.
Macja jonë është mashkull.

363 - 3

May I take a message?
Mund të marr një mesazh?

363 - 4

I'm hungry.
Jam i uritur.

363 - 5

This is my boss.
Ky është shefi im.

363 - 6

Do you play any sports?
A luani ndonjë sport?

363 - 7

What a bad idea.
Sa ide e keqe.

52/52

Test 52

364 - 1

He is a national hero.

364 - 2

My car is broken.

364 - 3

My wallet was stolen.

364 - 4

I'll be online.

364 - 5

I can help you.

364 - 6

No cheating, please.

364 - 7

What a bad idea.

52/52

Day 364

See you soon

Learn English in 52 weeks
Learn French in 52 weeks
Learn Bulgarian in 52 weeks
Learn Chinese in 52 weeks
Learn Czech in 52 weeks
Learn Danish in 52 weeks
Learn Dutch in 52 weeks
Learn Estonian in 52 weeks
Learn Finnish in 52 weeks
Learn German in 52 weeks
Learn Greek in 52 weeks
Learn Hungarian in 52 weeks
Learn Italian in 52 weeks
Learn Japanese in 52 weeks
Learn Latvian in 52 weeks
Learn Lithuanian in 52 weeks
Learn Polish in 52 weeks
Learn Portuguese in 52 weeks
Learn Brazilian in 52 weeks
Learn Romanian in 52 weeks
Learn Russian in 52 weeks
Learn Slovak in 52 weeks
Learn Spanish in 52 weeks
Learn Swedish in 52 weeks

Made in United States
North Haven, CT
05 December 2024

61762964R00202